歴史文化ライブラリー

140

銭の考古学

鈴木公雄

吉川弘文館

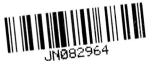

原則として、初版で掲載した口絵は割愛しております。

目次

銭の考古学への旅立ち——プロローグ

考古学と出土貨幣

一枚の古いコインを手のひらにのせてみる。表面に見えるきずやさびは、そのコインがたどった過去の歴史を物語っているようだ。多くの人々の手に渡り、喜びや悲しみを生み出したに違いない。ジャンバルジャンが子供の落とした銀貨を踏みつけつづけ、とうとうそれを奪ってしまったり、落語や芝居で有名な、夢だと思っていた芝浜の皮財布《かわざいふ》の小判が現実のものとなり、思わぬ幸運が人生の新たな転機となったりしたことなども、文芸の世界だけの話でなく、現実の歴史のなかには、実際に数多くあっただろう。これらの物言わぬ貨幣は、歴史の証人として多くの事件に立ち会っていたはずだ。もしそれらの物言わぬ証人たちから、さまざまな事実を聞くことができれば、われわれは、より興味深い歴史の内実を知ることができるに違いない。物言わぬ考古学上の遺物である銭《ぜに》などの貨幣を取り上げ、その歴史的価値を再発見してみることにしよう。

日本の各地の遺跡からさまざまな時代の貨幣が発見されている。古代では富本銭《ふほんせん》や和同《わどう》開珎《かいちん》をはじめとする皇朝十二銭《こうちょうじゅうにせん》が平城京、藤原宮などの都城跡や寺院跡などから出土している。中世では中国から輸入された数百万枚にも及ぶ大量の埋蔵銭が、全国各地から発見されている。さらに中世の後半から近世になると、埋葬のときに六枚の銭を納める六道《ろくどう》銭《せん》の習俗がさかんになり、上は大名から下は庶民にいたるさまざまな階層の墓から、多数の銭が発見されている。これらはそれぞれの時代の人々が、貨幣をどのようなものと考え、使用してきたかを示すだけでなく、その貨幣が当時の社会と経済にいかなる役割をもっていたのかを示す、第一級の資料といえる。しかし、そのような観点から日本の出土貨幣を検討していく試みは、これまで必ずしも十分ではなかった。それは考古学に携わる人たちが出土貨幣のもつ本来の意味を理解してこなかったからである。

貨幣の年代観

考古学の発掘で銭などの貨幣が発見されたとき、もっとも一般的に注目されることは、その貨幣のもつ年代である。貨幣は文献的な記録により発行年代がわかるものが多い。それゆえ、その貨幣のもつ年代は、一緒に出土した考古学資料のおおよその年代を示すと考えられるからである。たとえば中国古代の新という王朝によって鋳造された貨泉《かせん》とよばれる銭は、新が前漢と後漢の両王朝に挟まれた紀元後八年から二三年までの十五年間しか存続しなかったことから、考古学における年代測定が未発達であった戦前から戦後まもなくの時期まで、弥生時代の実年代を考えるさいの指標としてよく用いられた。反対に、中世の遺跡から発見される中国銭の多くは、中世よりも数百年以上古い時代に鋳造された銭が多かったため、年代の指標としては有効ではなかった。このため出土資料として考古学的な関心があまり払われなかったのだ。

考古学では貨幣のもつ年代観に関心が払われていたが、貨幣は本来財貨の交換や価格の決定といった経済的活動を円滑に行うさいに重要な役割をもつものだった。貨幣のこうした側面を扱うのは歴史家や経済史研究者などだが、これらの人々が出土貨幣を正面きって扱ったことは少ない。その理由はさまざまに考えられるが、出土貨幣そのものから直接的に特定の時代の経済活動や貨幣使用の実態を明らかにすることが困難だったことに大きな理由があったといえるだろう。明治時代や戦前の歴史家や考古学者によって、中世の大量出土銭を取り扱った萌芽的な研究も存在していたのだが、その後これらの仕事を発展的に継承する研究はほとんど現れなかった。

貨幣研究の今

考古学と経済史の双方が、出土貨幣の問題を不十分にしか消化できず、研究上の大きな空白ができたところに、古銭学を中心とした貨幣史的な関心をもつ人々が出土貨幣を扱うようになった。これは古貨幣の分類と鑑定を主目的とするもので、古貨幣の収集といった趣味的な活動や骨董《こっとう》的な関心ときわめて近いところにあった。その結果、珍しい貨幣や特異な貨幣に注目が集まったり、古貨幣の種類を見分けて鑑定したりするといった、モノとしての貨幣の研究はある意味で進展したが、本来明らかにされなければならない貨幣のもつ歴史的、社会経済史的な意味合いの追求は置き去りにされてしまったのである。

これまで考古学・民俗学・日本史・社会経済史・古銭学などの多くの学問分野が、さまざまな関心のもとで出土貨幣を取り扱ってきた。しかしそれらの多くの研究成果はそれぞれ独立した形で提出されていて、相互の結びつきは希薄だった。しかし、人々が貨幣を使用するという行為は、けっして個別ばらばらなものではなく、貨幣を使用していたそれぞれの時代の文化・社会・政治・経済などの側面と深く結びついていたはずだ。このような貨幣のもつ多面的な性格を、人間と貨幣との間に打ち立てられた歴史的な関係としてとらえ、統一的な視点から取り上げることにより、貨幣と人間との関係を総体として明らかにしようとすることが、この本の重要な目的の一つである。

大名墓と貨幣

出土貨幣が単に考古学上の問題にとどまらず、より広い歴史的・文化的な観点からとらえる必要があることを実感したのは、昭和五十七年（一九八二）に東京都港区で行った長岡藩牧野家の大名墓の調査だった。長岡藩牧野家は徳川幕府の譜代大名で、幕末では藩内から河井《かわい》継之助《つぐのすけ》が輩出したことで知られているが、藩主の墓は代々港区の済海寺に造られていた。この墓地を移転するため、緊急に発掘調査が必要になった。筆者の大学から近いこともあり、港区教育委員会の依頼で江戸時代大名墓の調査を引き受けることになった。とはいえ筆者がこれまで研究してきたのは、縄文時代の土器や貝塚などだったので、まったくの未経験かつ専門違いの分野なので、恐る恐るの発掘となった。

牧野家の墓は巨大な石塔（墓標）の真下に垂直に四、五メートルくらいの深さの竪穴を掘り、そこに枕木ほどの石材を組み合わせて石室を作り、さらにその中に頑丈な木の棺を二重に重ね、その隙間に木炭や漆喰《しっくい》を充塡《じゅうてん》する厳重な造りになっていた。木棺の一部が壊れて周囲の木炭が棺内に充満し、真っ黒な炭だらけの遺骨を発掘していたとき、ぴかりと光るものが目についた。取り上げて炭をぬぐってみると、なんと徳川幕府が元文《げんぶん》元年（一七三六）に鋳造した元文一分金という金貨であった。金貨は次々に発見され、六代忠敬《ただたか》（一七二九〜四八）の棺から元文一分金三枚、七代忠利《ただとし》（一七三四〜五五）からは同じく元文一分金二枚が発見された。

六道銭

大名というのは武士の棟梁《とうりよう》なのだから、刀や鎧《よろい》などの武具のようなものこそが副葬品として相応《ふさわ》しいはずなのに、どうして貨幣のような下々《しもじも》の使うものを入れるのだろうと不思議に思って、他の大名墓の副葬品を調べてみたところ、面白いことに貨幣を棺内に納める例が意外と多いことがわかった。たとえば仙台藩主の三代伊達綱宗《だてつなむね》（一六四〇〜一七一一）の墓からは、宝永《ほうえい》小判（一七一〇年初鋳）一一枚と巾着《きんちゃく》に入れられた六枚の銅銭（寛永通宝《かんえいつうほう》）が納められていたし、盛岡藩主三代目の南部重直《しげなお》の火葬骨を納めた甕棺《かめかん》からは慶長《けいちょう》小判（一六〇一年初鋳）一二枚、銭貨（ほとんどは古寛永通宝〈一六三六年初鋳〉）二一枚が存在していた。鎧櫃《よろいびつ》と太刀《たち》という、大名の墓としてもっとも武人らしい副葬品を唯一もっていた仙台藩初代の伊達政宗《だてまさむね》の墓にしても、皮袋に納められた三枚の慶長一分金という金貨があった。とくに、このなかで六枚の寛永通宝は、六道銭とよばれる三途《さんず》の川の渡し賃として、中世から近世にかけて多くの庶民の間に流行した銭貨の埋葬習俗を示すものであった。なぜ大名の墓にこんなものが入っていたのだろうか。

　中世や近世の大名、公家といった高貴な人々は、多くの場合自らが貨幣を使うということはほとんどなかった。たとえば真山青果《まやませいか》の有名な歌舞伎に「元禄忠臣蔵《げんろくちゅうしんぐら》」という作品があるが、このなかで甲府宰相綱豊が余興で巡礼に扮《ふん》した家来から、伊勢参りの御報謝《ごほそうしゃ》を求められる場面がある。綱豊は「私はあいにくと銭というものを持ったことがない、一度使ってみたいものだ」というような受け答えをしている。これからわかるように、多くの貴人は金銀銭の貨幣にはまったく無縁な日常生活を送っていた。それにもかかわらず金貨や銭を墓に納めたのは、大名であっても、当時の極楽往生の思想から逃れることができず、冥土《めいど》の旅路の路銀《ろぎん》として、金貨や銭が副葬されたのだろう。そこには階層の違いをこえて人々に働きかける貨幣のもつ習俗としての力を感じざるをえない。

　この牧野家大名墓の発掘は、貨幣というものが経済の流通メディアや財産の保全といった経済的な目的以外に、死後の世界への旅立ちという埋葬習俗と関連する機能をもっているということを知る重要な機会となった。とくに、庶民の埋葬習俗が、階層をこえて、大名のような支配者層にまで影響を及ぼしている点で、大変興味深いものだった。かつて日本民俗学の創始者であった柳田国男は、常民という概念を提唱したことがある。柳田はその言葉の説明として、階層とか身分といったものによる区別ではなく、日本人として共通してもっている特徴のようなもので、天皇もまたそのなかに含まれる場合があると述べている。大名墓の中に納められた金貨や銭の存在に接して、柳田が説こうとした常民の習俗とは、このような状況を指していたのかと改めて考えさせられた。牧野家大名墓の調査は、出土した貨幣を考古学的な関心のみで扱うのではなく、より広い視野のもとで考えなければならないことを知った最初の体験だった。

江戸の考古学

牧野家大名墓の調査を経験したあと、日本の考古学全体に大きな変化が訪れた。それはバブル景気による急激な地域開発の波が押し寄せたことによる。とくに東京都心部においては、地上げが行われ、新しいビルが続々と建設されたり、耐用年数の過ぎた古い建物を新しくするための建て替え工事が次々と行われるようになった。ところが、これらの工事を行うと、東京の前身であった江戸の町の遺構が発見されてくる。もともと江戸というところは、中世においてはごく平凡な東京湾沿岸の一漁村にすぎなかった。それが徳川家康の関東入府とともに城下町として発展しだし、さらに幕府の開設とともに全国の大名が集合する日本の政治の中心になり、やがて経済・文化の面でも大坂や京都と肩を並べる都市として発展していったばかりでなく、正確な統計はないものの、近代における世界最大の人口を抱える都市とまでいわれるようになるのである。都心部再開発は、このような東京の前身である江戸のさまざまな遺跡を次々と白日のもとにさらすこととなったのである。

急増した江戸時代遺跡の緊急発掘調査に、多くの考古学研究者が動員された。とはいっても、それらの考古学研究者が江戸時代の遺跡や遺物を専門に研究していたわけではない。それまでの日本考古学では、近世の遺跡を扱う必要性について一部の人々の提言はあったものの、大部分の研究者は無関心そのものだった。それゆえ、緊急発掘に動員された人々の多くは、縄文時代、弥生時代、古墳時代など、これまでの日本考古学が主として扱ってきた分野の専門家たちだった。かくいう筆者もその一人で、縄文研究者の端くれとして、文化財保存の大義名分のもとに、勇んでというよりもややへっぴり腰で近世遺跡の発掘を担当するようになった。

最初に発掘したのは港区飯倉にある上杉家下《しも》屋敷《やしき》跡だった。ここは有名な上杉謙信直系の大名で、忠臣蔵で有名な赤穂浪士の討ち入りのとき、吉良の後ろ盾として吉良邸の救援に赴く拠点でもあった。こう書くといかにも面白そうな遺跡だと思われるかもしれないが、発掘そのものは来る日も来る日も大きなごみ穴の中に捨てられた瓦や瀬戸物のかけらを掘り出す作業の連続で、それまで経験してきた縄文時代の遺跡の発掘に比べ、なんとも面白くないものだった。

発掘ラッシュ

この上杉家下屋敷の調査がまだ継続中に、今度は港区庁舎改築のための調査を依頼された。どうしてこんなむちゃくちゃなことになったかというと、とにかく再開発の計画が目白押しで、発掘調査の担当者が極端に不足していたからである。ここは江戸時代には芝増上寺《ぞうじょうじ》の寺域の中になり、多くの子院が建てられていた所だったから、発掘してみると今度は多数の江戸時代の墓所が発見された。かくして今度は多数の早桶《はやおけ》に納められた江戸時代の人骨を発掘することになったのである。早桶とは図1に示したような、落語や時代劇にしばしば登場する酒樽《さかだる》の形をした丸い棺で、江戸時代にさかんに用いられた。桶と樽の違いは、桶は口の部分に取り外しできる蓋があるのに対して、樽には頑丈な固定された蓋が取りつけられている点にある。

大名屋敷のごみ穴と芝増上寺の早桶とを発掘することで、まさに江戸時代の考古学にどっぷりとつかることになり、懐かしい縄文時代の遺跡は遥かかなたとなってしまった。出てくる遺構や遺物はこれまでほとんど経験したことのないものだけに、まさに手探りで調査を進める状態だった。さらに困ったことには、建設ラッシュのため十分な調査の時間を

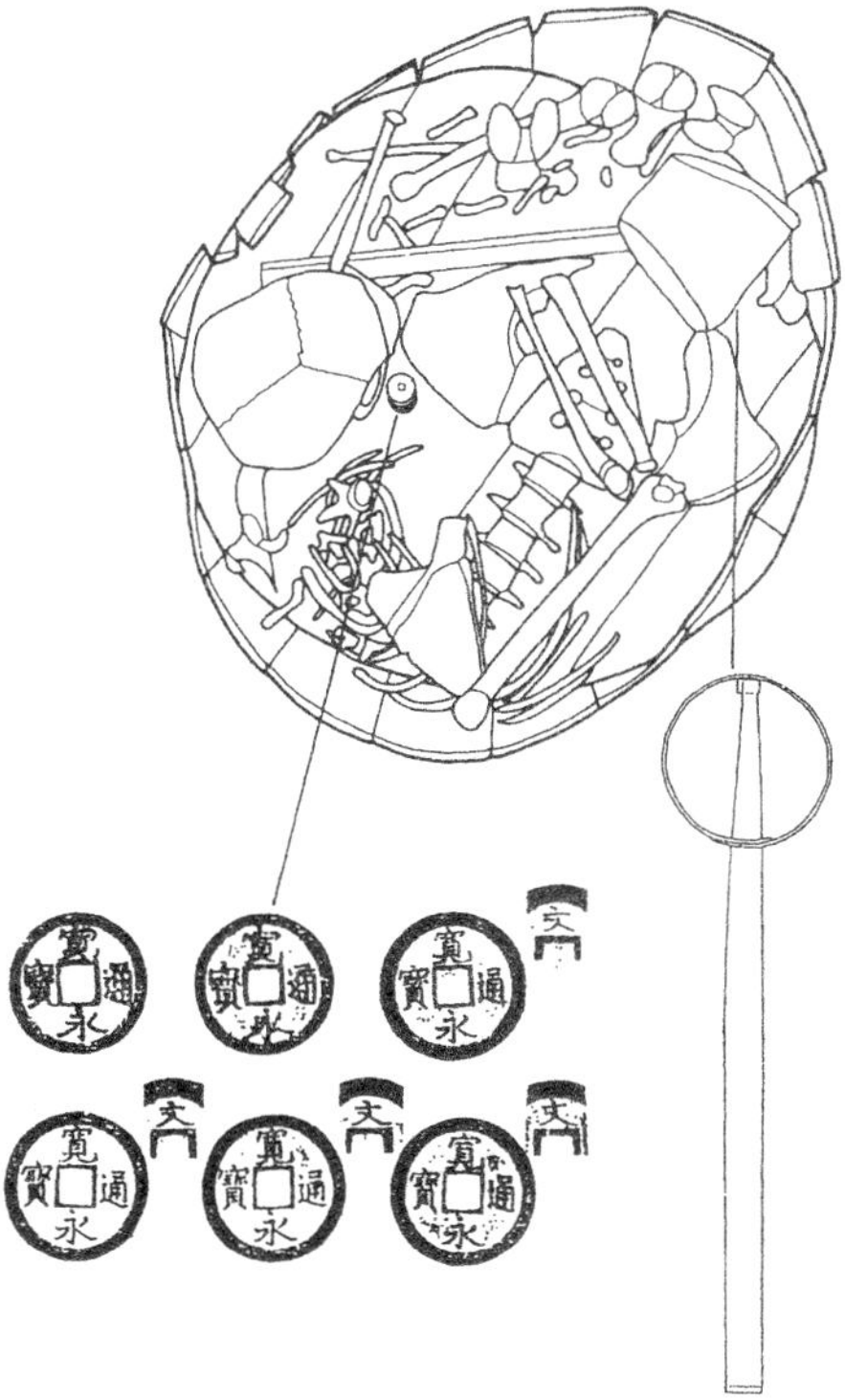

図１　早桶の埋葬と六道銭

東京都港区増上寺旧境内の子院から発掘された17世紀の中頃の早桶。珠数、六道銭（古寛永通宝２枚、文銭4枚）、曲げ物の柄杓一本が副葬されていた。銭は遺骨（成年の女性）の胸のあたりから発見された（図は鈴木公雄『出土銭貨の研究』東京大学出版会　1999年　より転載）。

確保することが難しくなってきたことである。とにかく早く調査を終えてほしいという開発側の注文が厳しくなってきて、作業時間の延長にとどまらず、雨の日の調査まで要求される事態になった。

考古学の調査は野外調査だから、天候に左右される。雨の日には現場作業はできないから、室内で出土品の整理作業などを行う。これは調査員たちにとって、増えつづける出土資料を整理したり、野外の作業による疲れを取ったりするうえで、貴重な日ともいえる。ところが、雨の日でも現場にテントを張って作業をしてほしいと要求されるにいたった。開発側にとっては、一日でも早く調査を終え、工事に入らないと、金利負担その他で大きな損失になるからである。

江戸の考古学を時間との競争であたふたと済ませる緊急発掘に終わらせるのではなく、きちんとした調査を行い、そこから出土する遺跡・遺物のもつ文化財としての価値を多くの人々に紹介し、遺跡の保存をより積極的に進める必要は、バブル経済の進展とともに日に日に強まっていった。多くの人々の、江戸時代の遺跡・遺物は本当に必要なものなのか、というまなざしをひしひしと感じるようになってきたからである。とくに発掘調査費を負担する開発側の人々にとっては、江戸時代の遺物とは瓦や瀬戸物の破片といった、ガラクタの集合にすぎないのではないか、そんな対象に高額の調査費を拠出したり、貴重な建設のための時間を空費されてはたまらないという思いがしたのも無理はない。

銭の考古学

江戸時代の考古学資料が、文化財として重要な価値をもっていることを、多くの人々に説明していくには、それらの資料を用いて近世の歴史で従来明らかにされていなかった、新しい問題を提示していくことがいちばん大切だと感じるようになった。累々と出土する早桶、人骨、陶磁器、瓦などの中から、六道銭とよばれる埋葬銭貨を取り上げようと思いついたのは、そんないきさつからだった。三途の川の渡し賃として、庶民、大名の区別なく死者に持たせた銭貨は、近世における銭貨使用の状況を具体的に示す資料であるばかりでなく、当時の貨幣流通を復元する第一級の資料であると気がついた。

芝増上寺の六道銭には、中世以来使われてきた渡来銭《とらいせん》と、徳川幕府が本格的に鋳造を開始した古寛永通宝などが混在していた。そこで、中世から近世への銭貨の移り変わり、渡来銭から古寛永通宝への流通銭貨の交代という経済的事件が、出土六道銭という考古学資料の分析を通して、いかに描き出せるかに挑戦してみることにした。しかしながら、縄文土器や貝塚の研究をもっぱら行ってきた者にとって、これはある種の冒険だった。これまでの縄文研究者としての研究上の蓄積はほとんど役に立たないし、下手をすれば専門違いのとんでもない間違いをしでかす心配もあった。それにもかかわらずこの仕事を進めたのは、江戸時代の考古学を多くの人々に認知してもらいたい、そのもつ歴史的・文化的価値を明らかにしていきたいという、いわば文化財の危機的状況をなんとか解決していきたいという思いが強かったからにほかならない。その意味で、これから述べる「銭《ぜに》の考古学」は、私自身の学問的挑戦と、近世の考古学資料のもつ文化財としての価値を社会に対して訴えていくプロパガンダとの二つの意味を込めた仕事だったといえる。

六道銭の考古学

銭は天下の回りもの

三途の川の渡し賃

近世墓地の出土品

　芝増上寺《ぞうじょうじ》の子院から発掘された早桶《はやおけ》は、江戸時代のはじめごろの十七世紀を中心とする時代に埋葬されたものが多かった。江戸時代の増上寺のあたりは海岸に近い低地で、水はけも十分ではない土地だったため、発掘すると水が湧いてきた。そうした場所ではふつうの乾燥した遺跡では残らない植物質で作られた織物、木製品、動物の遺体、人間の遺骨などがよく保存される。とくに埋葬に用いた早桶は多数が保存の良い状態で残っており、その中に納められた遺体の状態も大変よく、一緒に副葬された櫛《くし》、漆器《しっき》、煙管《きせる》、子供の玩具、人形などが発見された。

　これらの副葬品に混じって、六枚の銭《ぜに》が多数発見された。保存状態の良い墓で検討すると、六枚の銭は布ないし紙に包まれるか、小さな頭陀袋《ずだぶくろ》のようなものに納められ、遺体の胸元ないし、胸の所に組み合わせた手のひらの中に持たせるようにしていたことがわかった。つまりこれは死出の旅路に出るさいの路銀《ろぎん》としてもたせたものといえる。すでに江戸時代の随筆などにこの習俗について記されており、六道銭《ろくどうせん》という言葉自身も十七世紀の文献にすでに見られる。

六道銭とは何か

六道銭は俗説によれば死者が冥界《めいかい》に入っていくさいに渡らなければならない三途《さんず》の川の渡し賃といわれている。そこには意地悪な船頭がいて、六文の渡し賃を払わないと乗せてくれない。そうなると死者は冥界に入れず、あてもなくさまようことになってしまうから、埋葬にあたって六文の銭を持たせたのである。この考えはおそらく中世の後半になって、浄土思想が普及していき、『地獄草紙《ぞうし》』などに見られる地獄の情景などが多くの人々に思い描かれるようになったことと関係しているらしい。ヨーロッパでも、死者と生者を分かつルビコン川の渡しで、フェリーマネーが必要だったといわれているから、地域や文化を越えた共通の考え方が広く存在するようだ。

ところが、六道銭の習俗は無駄なことだと決めつける考えが、すでに江戸時代に存在しているのは興味深い。幕末の儒学者寺門静軒《てらかどせいけん》（一七九六〜一八六八）の著した『静軒痴談』

という随筆では、

わずか六銭とはいえ、墓に銭を埋めるのは金玉のような財宝を埋めるのと同じことだ。貨幣というものには限りがあるのに、無限に続く人の死に使うのは大変おろかなことだ。昔の青砥左衛門《あおとさえもん》がこれを知ったら、なんと思うだろうか。

と言っている。青砥左衛門（藤綱）とは『太平記』に登場する実在しなかった鎌倉時代の武士で、鎌倉の滑川に銭一〇文を落とし、大切な銭だからというので五〇文で松明《たいまつ》を買い、人を雇って川底をさらわせ銭を回収したという伝承をさしている。

江戸時代にすでにこのような近代的貨幣観が存在していたのは興味深いが、実はそれよりもさらに遡る十八世紀の中ごろに、徳川幕府は六道銭を禁止する御触《おふれ》を出していた。寛《かん》保《ぽ》二年（一七四二）に幕府は町触《まちぶれ》として、

世間では、埋葬に当たって金銀銭などの貨幣を埋めているが、これは無益のことである。しかしこの習俗は急には止められないだろうから、それぞれの寺から人々におりおりよく言い聞かせ、今後貨幣を埋葬に際して副葬する事を止めさせたいと思っているので、よく心得ているように。

と通達した。町触という形で出されているから、当時六道銭の習俗がきわめて多くの人々

によって行われていたことがわかる。そうだからこそ、幕府自身もこの習俗はすぐに止められないという弱気な判断をしていたのだろう。しかし貨幣の発行主体として、鋳造した銭が葬式とともに埋葬されてしまうと、通貨の流通量が減少してしまう。これではなんのために貨幣を発行しているのかわからなくなってしまうというのが幕府の言い分である。

六道銭の代用品

今日のように大量の紙幣などが発行されている時代と違って、江戸時代では金属貨幣が主流だったから、その発行を維持するには金銀銅などの金属資源の確保が必要で、これはかなりコストのかかるものだった。そうして発行した貨幣が墓の中で日の目を見なくなってしまうのは確かに無益なことといわねばならない。しかし人々の習俗に対する強い関心は、そうした為政者の意図を萎縮させてしまう場合もあったことが江戸時代初期の説話からわかる。

十七世紀の後半に成立したといわれる『板倉政要《いたくらせいよう》』という裁判説話集がある。これは幕府の京都所司代を歴任した板倉伊賀守《いがのかみ》勝重、同周防守《すおうのかみ》重宗、同内膳正《ないぜんのかみ》重矩《しげのり》の三人の裁判記録を集めたもので、文芸書と法制史・経済史関係の史料集としての性格をもつものである。そして後に講談などで有名になる『大岡政談』のモデルになった書物でもある。この中に「六道銭之事」という興味深い説話が収録されている。

あるとき京都の町に倹約令が出されたが、それを知った商人の一人が板倉伊賀守に、六枚の銭を埋める六道銭は僅かな量のようではあるがもったいないことである。もし今後お許しがあれば、私が木や瀬戸物で作った六道銭を売り、埋葬を行う人々にそれを売って商売としたい。そうすれば本物の銭も失われずにすみ、銅や鉄の資源も失われないですむと思います。お許しがあれば運上金を差し上げたいと思います、というような訴えを出した。これを聞いた伊賀守は確かにその通りだが、木や焼き物で作った銭で、はたして閻魔《えんま》大王が受け取ってくれるかどうか、しかとはわからぬ。おまえが行ってそれを聞いてくるように、と言ってその商人の首を刎《は》ねてしまった。

説話の意味するもの

この説話はいろいろなことを物語っている。まず、十七世紀の中ごろという六道銭の習俗が隆盛を極めていたときに、すでに銭を埋めるのは無駄だという考えが庶民の間にも、為政者にもあったという点である。貨幣に対する合理的な考え方の起源が、かなり遡ることを示すもので、それを利用して商売をするという経済的な抜け目なさも注目に値する。しかし他方では、為政者はその訴えの合理性に耳を傾けつつも、はたしてそれで多くの人々が納得するかどうかという政治的判断も考慮せざるをえなかったことがわかる。商人に閻魔大王の所に行って聞いてくるようにと首を刎ねる結末は、頓知《とんち》話としていささか残酷なおちになっているが、これは為政者が六道銭の習俗を行っている多数の人々の反発を買うことを恐れ、代用品の認可に踏み切ることができなかった事情を示すものといえるだろう。

『板倉政要』に見られる六道銭の説話は、貨幣が幅広い役割をその社会においてもっていたことを示す良い例といえる。貨幣は財貨の価格の基準、物の売り買い、財産の保全といった経済的な機能のみならず、死者の冥福を祈る重要な品物としての機能も備えていた。そして六道銭として埋葬に用いることは、貨幣のもつ機能の一つを消滅させることに通じる。しかしながら人々はその矛盾した考えを受け止め、現実の社会のなかで銭を扱っていたのである。もちろん近代的な貨幣観は、しだいに習俗的な貨幣観を駆逐していったが、今日でも各地の寺社で六道銭の実物を頒布していることからわかるように、歴史的に長い伝統として存続している。貨幣が各時代の社会のなかで、どのような存在だったかを歴史的に検証していくときには、貨幣のもつ多義的な性格を読み取る複眼的な歴史観が必要である。

中世〜近世の六道銭

中世後半から近世にかけて墓から出土する六道銭には、さまざまな銭貨が存在している。中世の後半では、中国から輸入した各種の渡来銭がある。古いところでは唐代に鋳造された開元通宝などがあり、宋代の銭や明代の銭などが多数入り混じった形で存在している。これは日本の中世では銭貨を自前で発行せず、中国で使われていた銭を大量に輸入して使っていたからである。これに対して、日本の古代に発行された和同開珎《わどうかいちん》をはじめとする皇朝《こうちよう》十二《じゆうに》銭《せん》はほとんど存在していない。皇朝十二銭の発行量が、中世に流通していた渡来銭の量に比べて極端に少なかったことによるものだろう。

近世になると、これらの渡来銭とともに、徳川幕府の鋳造した各種の寛永通宝などが発見されるようになる。ここで注意しておかなければならないのは、徳川幕府が本格的に銭貨の鋳造を開始したのは、寛永十三年（一六三六）の古寛永通宝の鋳造からで、これは幕府が開設されてから三五年も後のことである。それまでには、慶長通宝という銭が慶長年間（一五九六〜一六一五）にごく少量発行されているが、これは幕府の公式記録には見られない。実際にこの間どんな銭を使っていたかというと、中世以来の渡来銭をそのまま使っていた。そして、寛永十三年に古寛永通宝が発行されると、中世の渡来銭と混用され、やがて寛文十年（一六七〇）に渡来銭の流通が幕府によって禁止される。十七世紀の前半は日本においてもっとも多種多様な銭貨が用いられていたのである。

銭種の変化

この状況は、出土する六道銭の銭種にそのまま反映されている。図2は芝増上寺から出土した六道銭を示したものだが、1は各種の宋銭からなる渡来銭のみの六道銭、2は明銭の永楽通宝のみからなる六道銭、3は渡来銭二枚と幕府が最初に発行した古寛永通宝四枚からなる六道銭である。1や2のような六道銭は中世後半から十七世紀の第一・四半期までの六道銭と考えられる。3は渡来銭と古寛永通宝とが存在するので、この両者が通用していた時期、つまり古寛永通宝発行後から渡来銭の使用が禁止されるまでの期間（寛永十三年から寛文十年〔一六三六〜一六七〇〕）の六道銭と考えることができる。

4から7までの六道銭は、古寛永通宝、文字寛永通宝（以後文銭とよぶことにする。一六六八年鋳造）、新寛永通宝（一六九七年鋳造）などの寛永銅銭のみで構成される。したがって、これらの六道銭は寛永十三年（一六三六）の古寛永通宝発行以降になって墓に納められたものといえる。とくに、4のような古寛永通宝のみの六道銭は文銭鋳造以前の寛永十三年から寛文八年ころのあいだに埋葬された可能性がある。古寛永通宝一枚と文銭五枚からなる5に示した六道銭は、文銭の発行以降新寛永通宝発行以前の寛永十三年〜寛文八年までの間の年代に埋葬されたと考えられる。6と7に示した六道銭はそれぞれ文銭と新寛永通宝および新寛永通宝のみから構成される。したがってこれらの六道銭は新寛永通宝発行以降の十八世紀の年代を示すといえる。この他に元文四年（一七三九）以降大量に鋳造された寛永通宝鉄銭（寛永鉄銭）を含む六道銭があり、これがもっと新しい十八世紀中ごろ以降の年代をもつものだが、鉄銭は腐食しやすくここには図示していない。

六道銭を構成する銭種には、それぞれの銭貨の鋳造された年代が反映されている。さらに、特定の銭貨どうしの組み合わせを見ていくと、どのような銭が使われはじめたり消滅していったりしたかという、銭貨の流通の移り変わりが認められる。そこで、どんな銭貨の組み合わせがもっとも多く、銭貨の組み合わせが時代とともにどのように変化していったのかを調べることによって、中世の後半から近世の前半にかけての銭貨の流通状況を明らかにできるのではないかと考えた。この点を明らかにするため、全国から出土している六道銭を集成し、どのような銭貨の組み合わせが存在するのかを調べることにした。

表1に示したものがその結果である。まずこの表の読み方を説明しよう。表の左側の上に六道銭の組み合わせとあり、その下に渡来銭のみとか渡十古寛永といった欄が見られる。

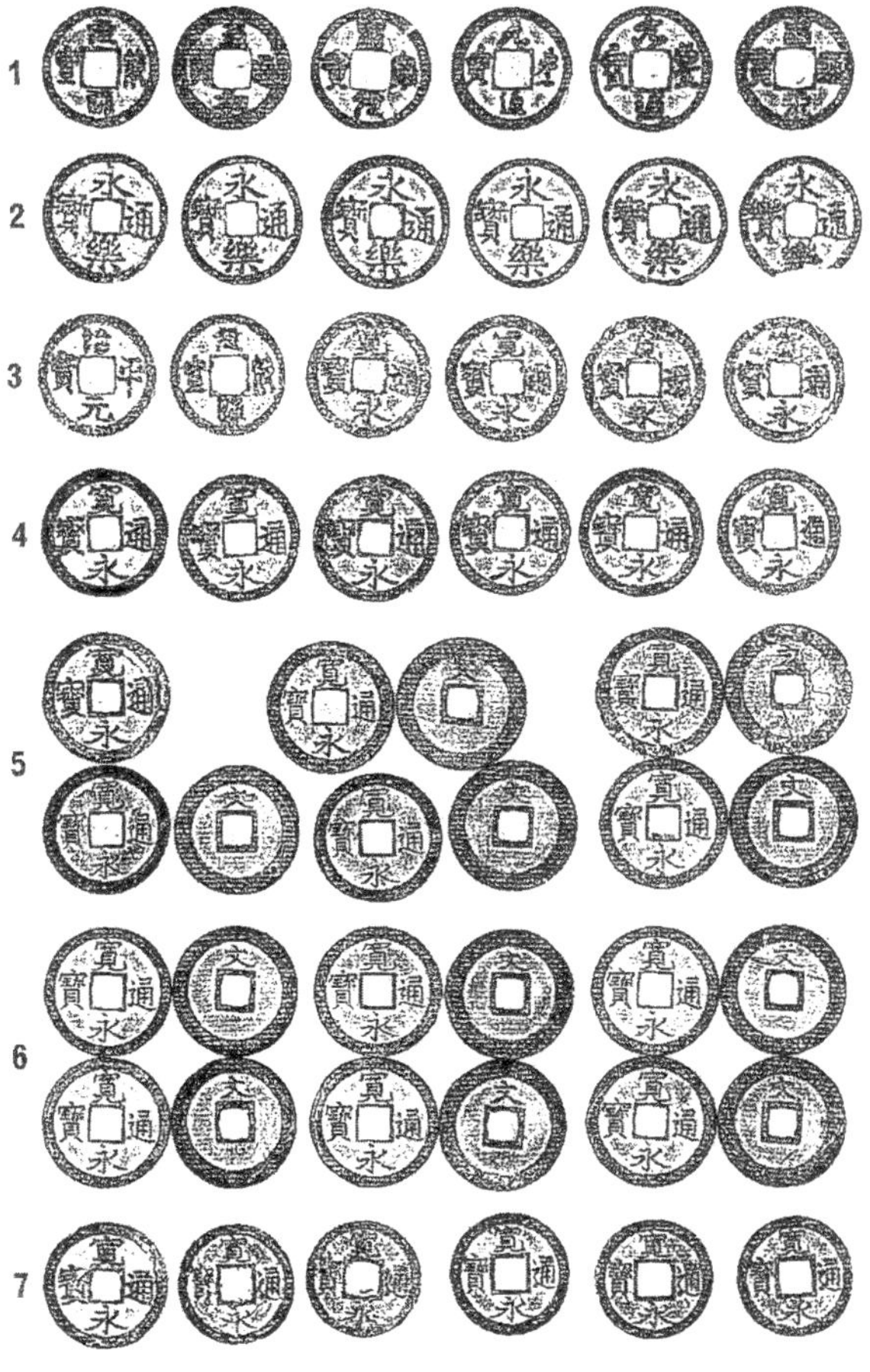

図２　中・近世の六道銭

中世の六道銭は１のように渡来銭のみのものや、２のように永楽通宝のみが６枚の例がある。３は渡来銭２枚と古寛永通宝４枚の組み合わせ、４は古寛永通宝６枚のみの六道銭で、17世紀中頃のもの。５は古寛永通宝１枚と文銭５枚、６は文銭のみ６枚の六道銭で、いずれも17世紀の第三四半期頃のもの。７は古寛永通宝１枚と新寛永通宝５枚の組み合わせで、18世紀初頭の年代とみられる六道銭である。これらの各種銭貨の組み合わせを検討することから、中世末～18世紀にかけての流通銭貨の状況が復元できる（図は鈴木公雄『出土銭貨の研究』東京大学出版会　1999年　より転載）。

神奈川	中　部	近　畿	中・四国	北部九州	南部九州	合　計
33	51	43	50	48	12	399
151 (64)	427(146)	423(155)	299 (38)	913(306)	66 (11)	4478(1614)
76 (28)	147 (30)	111 (29)	179 (27)	32 (5)	11	1221 (357)
1	4 (1)	11 (4)		5 (2)	3 (1)	78 (29)
6 (4)	5 (3)	6	2	9 (5)		55 (23)
	4 (2)	3 (2)	1	7 (4)	1	40 (14)
	4	2		12 (7)		25 (10)
		1		1		5 (1)
	1 (1)	2		6 (5)		14 (11)
	2			6 (2)		16 (4)
1	36 (5)	108 (45)	13 (2)	74 (11)	14 (2)	478 (168)
6 (3)	28 (17)	37 (27)	10	54 (24)	1	368 (192)
12 (3)	35 (21)	35 (12)	19 (2)	111 (71)	10 (5)	409 (205)
10 (6)	30 (16)	30 (13)	15 (4)	138 (70)	12	407 (196)
	11 (4)	9 (1)	2	25 (3)		115 (33)
2 (2)	10 (4)	14 (7)	3	44 (12)	1	160 (72)
5 (3)	31 (8)	18 (2)	10	140 (18)	4 (1)	407 (75)
4 (1)	13 (4)	2		51 (5)		113 (30)
			1			1
	1 (1)					3 (2)
			1 (1)	3 (2)		4 (3)
				1		2 (1)
				1		1
	2 (1)					4 (1)
4	3 (3)	1	3	7 (2)	2	26 (5)
				1		1
2	4 (2)			10 (3)		21 (9)
3 (1)	27 (12)		5	43 (10)	2	125 (41)
3 (2)	11 (8)	1 (1)	2	27 (11)	2	61 (32)
						3 (1)
						1 (1)
	4	5 (2)		15 (1)	1 (1)	59 (10)
16 (11)	14 (3)	27 (10)	33 (2)	90 (33)	2 (1)	255 (88)
151 (64)	427(146)	423(155)	299 (38)	913(306)	66 (11)	4478(1614)

銭の組み合わせとして表し、各地域においてそれらの組み合わせがどのように発
幕府が最初に鋳造した古寛永通宝が、それまで使用されていた渡来銭を急速に駆

表１　出土六道銭の銭種組み合わせと各地における出土状況（1998/5/18）

六道銭の組み合わせ	地　域	東　北	北関東	埼　玉	千　葉	江戸府内	江戸府外
	遺跡数	50	37	12	16	26	21
	墓　数	269 (50)	142 (33)	195 (101)	551 (267)	923 (372)	119 (71)
渡来銭のみ		90 (14)	65 (13)	66 (16)	328 (158)	93 (30)	23 (7)
渡＋古寛永		1	3	1	11 (4)	37 (16)	1 (1)
渡＋古＋文銭		2	1	5 (3)	6 (3)	12 (4)	1 (1)
渡＋古＋文＋新寛永		10	2	2 (2)	1 (1)	9 (3)	
渡＋古　　＋新						5 (2)	2 (1)
渡　　＋文					2	1 (1)	
渡　　＋文＋新		2 (2)			1 (1)	1 (1)	1 (1)
渡　　　　＋新		1	1 (1)		2	3 (1)	1
古寛永のみ		9	9 (3)	8 (4)	47 (23)	149 (70)	10 (3)
古＋文		19 (5)	10 (1)	17 (10)	39 (24)	136 (72)	11 (9)
古＋文＋新		25 (4)	14 (3)	28 (18)	29 (23)	84 (37)	7 (6)
古　　＋新		24 (8)	4 (1)	15 (11)	11 (4)	107 (56)	11 (7)
文銭のみ		4	2	5 (5)	20 (6)	36 (14)	1
文＋新		10 (4)	3 (2)	10 (5)	10 (7)	43 (20)	10 (9)
新寛永のみ		24 (5)	9	11 (9)	14 (2)	132 (23)	9 (4)
鉄銭のみ		14 (3)	1 (1)	8 (7)	1	11 (4)	8 (5)
渡　　　　　　＋鉄							
渡＋古　　　　＋鉄							
渡＋古＋文　　＋鉄							
渡＋古＋文＋新＋鉄							
渡　　＋文＋新＋鉄		1				1 (1)	
渡　　　　＋新＋鉄							
渡＋古　　＋新＋鉄						1 (1)	
渡　　＋文　　＋鉄							
古　　　　＋鉄							
古＋文　　＋鉄		1				1	
古＋文＋新＋鉄		4		1		1	
文　　＋鉄							
文＋新＋鉄			1 (1)	2 (2)		1	1 (1)
新＋鉄		15 (2)	1	4 (3)		18 (7)	7 (6)
古　　＋新＋鉄		1		3 (2)		6 (3)	5 (5)
文久のみ			2				1 (1)
文久＋明治							1 (1)
その他		7		2 (1)	1	20 (4)	4 (1)
不明		5 (3)	14 (7)	7 (3)	28 (11)	15 (2)	4 (2)
合計墓数		269 (50)	142 (33)	195 (101)	551 (267)	923 (372)	119 (71)

六道銭に含まれる各種の銭種を、中世後半の渡来銭から徳川幕府の鋳造した各種の銅銭と鉄
見されているかを示したもので、(　) 内は６枚一組の完全セットの数を示す。各地域で徳川
逐して行く状況がわかる(表は鈴木公雄『出土銭貨の研究』東京大学出版会　より転載)。

これは六道銭の銭種の組み合わせを示したものである。渡来銭のみとあるのは、六道銭が渡来銭のみで構成されているもの、渡＋古寛永というのは、渡来銭と古寛永通宝の二種類の銭貨からのみ、六道銭が構成されているものを示す。したがって、この欄のなかほどに渡＋古＋文＋新＋鉄という表記があるものは、渡来銭・古寛永通宝・文銭・新寛永通宝・寛永鉄銭の五種すべてを含む六道銭を意味しており、中世以来の渡来銭とともに、江戸時代全般に使われていた主要な銭貨すべてを網羅する組み合わせをもつものである。このような六道銭はきわめて珍しいもので、事実、中国地方からわずか一例しか知られていない。

銭種と地域

以上の説明からわかるように、この表1の左側に示された銭貨の組み合わせは、当時存在したと考えられる主要な銭貨の組み合わせをすべて示したものである。したがって表の中の数値が空欄になっているところは、そのような銭貨どうしの組み合わさった六道銭は存在していないことを意味する。それに対して、数値が多数示されているところは、そのような銭貨の組み合わせが多数存在していたことを示す。これにより、六道銭の銭種の組み合わせでどのようなものが多く、いかなる組み合わせが存在しないかを明確に知ることができる。まず注目すべき点は、渡来銭のみの六道銭と、古寛永通宝・文銭・新寛永通宝とがそれぞれ組み合わさる六道銭が多いのに対して、渡来銭と古寛永通宝・文銭・新寛永通宝とが組み合わさる場合が少ないという事実である。

六道銭は全国から四四七八例発見されていて、そのうちの一六一四例が六枚の銭貨からなるものだが、表の上段に示した日本の各地域ごとの集計で見ていくと、数値の絶対量では異なるものの、先に指摘した特定の銭貨間の組み合わせは、全国的に共通していることがわかる。表1では東北地方から南部九州にいたる一二の地域に区分しているが、関東を中心とした地域の設定が細かいわりに、東北、中部、近畿、中・四国、北部九州、南部九州などかなり大きな地域でまとめられている。これはそれぞれの地域間における考古学調査の進捗状況が同一ではないという、考古学特有の事情によるものである。関東のなかでもとくに首都圏の出土例が多いのは、この地域の開発が他の地域を圧倒して多く、結果として多くの江戸時代遺跡が発掘されたことによるものである。

なかでも、江戸府内とした東京都二三区内から発見された六道銭が九三二例と全国一の量を占めている。これはすでに述べたように、都心部再開発事業がいかにすさまじいものであったかを物語っている。江戸府外として一括したものは、今日における東京二三区以外の東京都の地域を指す。どうしてこのような江戸時代の地域名称を用いたかというと、江戸府内とした地域は、江戸の町とそれに連なる近郊農村地帯であり、両地域は経済的・

人的な交流が強かった。これに対して二三区以外の地域は、江戸時代では純農村地帯といってよく、むしろ埼玉・千葉・神奈川といった関東地回り経済圏の一部として考えた方がよい地域だからである。歴史的な資料を扱うときには、歴史的な地域に合わせて整理することもこれからの歴史考古学には必要な配慮なのである。

セリエーション分析

表1に示された全国の六道銭に見られる銭種の組み合わせの変化をさらに詳しくセリエーションという方法で分析してみよう。これは考古学でよく用いられる手法だが、複数の事物が時間的な経過とともにどのようにその量を変化させていったのかを知る分析方法である。この考え方はたとえていえば、スーパーマーケットの駐車場にあるさまざまな車が、どのように買い替えられて新しい車が増えてくるかを調べるのと同じことである。一〇〇台停まっている車のうち、売り出されたばかりの最新型とおんぼろの車とがいちばん少なく、大部分の車は売り出されて何年かたって、ある程度普及してきた車が多いはずだ。

しばらくすると、新型車に乗り換える人が増えてきて、おんぼろ車は姿を消していく。それと同時に新しい車のなかでも、人々に好まれた車が他を引き離して多くなってくるかもしれない。一定の期間ごとにその駐車場の車を調べていくと、どんな車がいつごろから増えてきたり、減ってきたかがわかる。なかには短期間に急増する車もあれば、ほぼ同時に発売されてもそれほど増えていかない車のあることもわかるだろう。ここでは、車のかわりに中世から近世にかけて使われていたさまざまな銭貨を対象にする。中世以来の渡来銭に替って、徳川幕府が発行した古寛永通宝や文銭といった新しい銭が、どのようにして渡来銭にとって替っていったのかを、六枚一組になっている六道銭を用いて問題にするわけである。

完全セットの六道銭

この六枚一組の六道銭を、これからは完全セットの六道銭とよんでいくことにする。なぜ完全セットの六道銭を重要視するかというと、六枚という数が六道銭のなかではもっとも多く発見されていることと、保存の良好な墓に副葬されている銭貨の枚数は、中世から近世にかけて一貫して六枚であったという事実による。つまり六道銭とは、その名のごとく銭六枚を納めることが本来の風習だったといえるからである。

セリエーション分析の対象とする銭貨は、渡来銭・古寛永通宝・文銭・新寛永通宝・寛永鉄銭の五種類である。これらが中世末から近世前半までの間にどのような変遷をたどったのかをセリエーション・グラフの形で表してみる。グラフの書き方などについてはやや込み入っているので、詳しい説明は専門論文を参照していただくとして（鈴木公雄『出土銭貨の研究』東京大学出版会）、ここではその結果のみを各地域ごとに見ていくことにする。まずもっとも出土量の多かった江戸府内つまり東京二三区内の事例から紹介する。

図3（グラフ）に示したものがそれだが、これによると、寛永十三年（一六三六）以前においては渡来銭のみしか使われていなかったのだが、寛永十三年以降急速に古寛永通宝が流通しはじめる。そして興味深い点は、渡来銭と古寛永通宝とが一緒に組み合わさる完全セットの六道銭がきわめて少ないことである。この二つの銭が組み合わさっている六道銭はグラフ上では渡来銭と古寛永通宝の線が重なっている部分に相当する。細かくてわかりにくいかもしれないが、その線の本数を数えてみると、一六本ある。これは先に示した表1の東京府内のところで、渡来銭と古寛永通宝とが組み合わさる完全セットの六道銭が一六例あることと対応している。これに対して東京府内では渡来銭のみの完全セットは三〇例ある。また古寛永通宝のみからなる完全セットは七〇例もある。渡来銭から古寛永通宝へと流通銭貨が交替していくさい、この二つの銭があまり一緒に使われなかったことをこれらの数値やグラフのパターンが示しているのである。

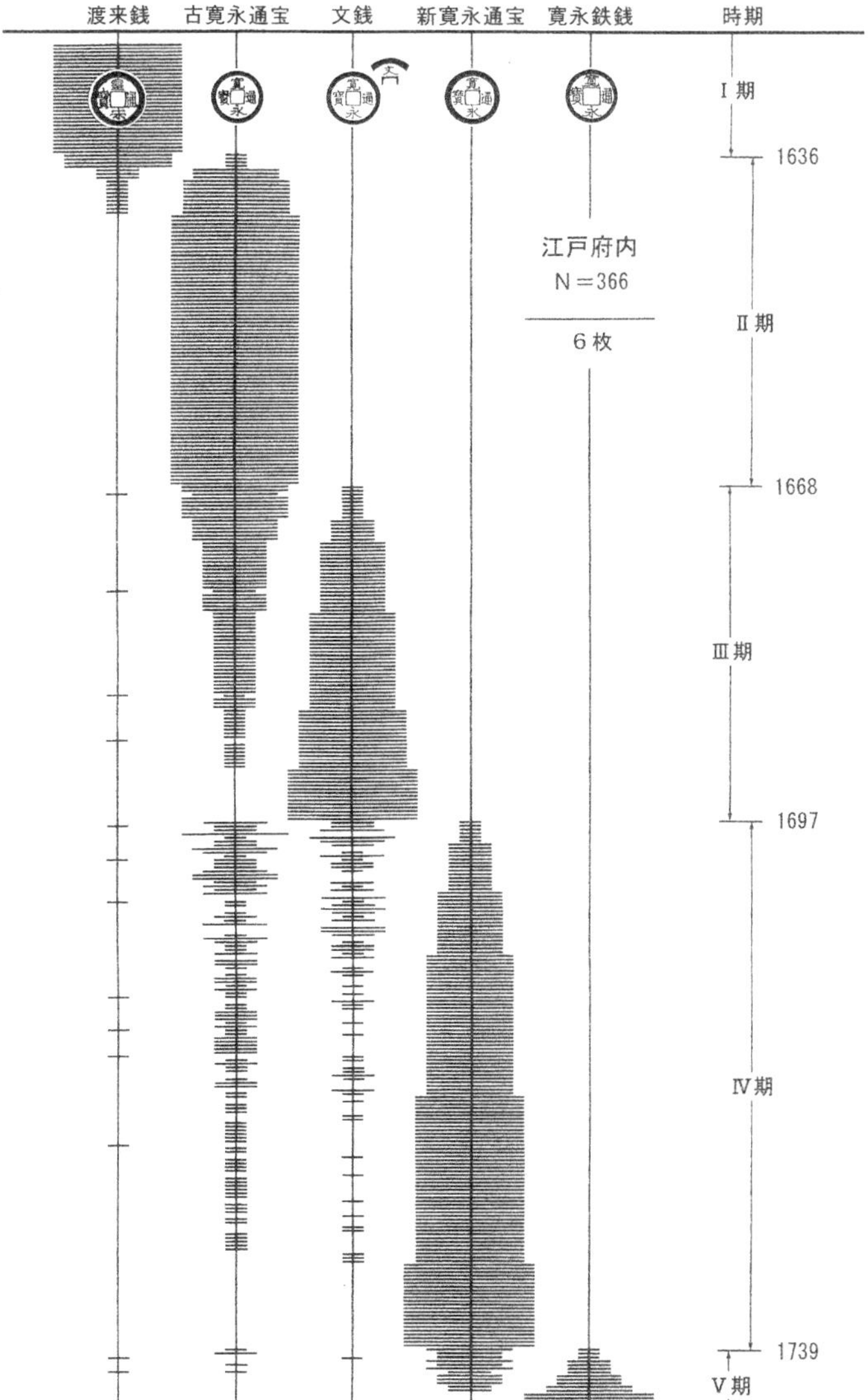

図 3　江戸府内から発見された六道銭のセリエーショングラフ
（鈴木公雄『出土銭貨の研究』東京大学出版会　1999年　より転載）

六道銭と流通銭

ところが現実はこれと反対に、幕府は寛永十三年（一六三六）から寛文十年（一六七〇）にいたる三四年の間は、この二種類の銭をまったく同じ価値で区別することなく通用させていた。これは今日と違い通貨の交代がそれほど迅速に行えるような状況になかったため、比較的緩やかな形で渡来銭を回収し、新しい古寛永通宝を普及させようとしたためだとこれまでは考えられてきた。もし実際にそのとおりであったなら、その三四年間に六道銭を埋葬するときには、これまで使われてきた渡来銭と新しく発行された古寛永通宝とが一緒に使われたはずである。その結果として、墓から発見される六道銭の組み合わせには、この二種類の銭貨からなるものがかなりの数で発見されるはずだ。しかし、墓から出土する六道銭の銭種の組み合わせを見ると、先に示したようにわずか一六例しか存在しない。考古学上の事実からは、渡来銭と古寛永通宝とが一緒に使われることは少なかった、別の言い方をすれば、渡来銭から古寛永通宝への流通銭貨の切り替えは、文献史料などに示されているよりも、はるかに急速かつ短期間に終了していたことを、考古学上の事実として示しているのである。

　この点は別の事実からもはっきりとさせることができる。図3（グラフ）のなかほどに示されている古寛永通宝から文銭への銭貨の交替を見ると、両者のグラフのパターンが重複している部分が、先の渡来銭と古寛永通宝との場合に比べて多いことがわかる。この重複した線の本数は七二本になるのだが、これは先ほどの表1でわかるように、江戸府内の六道銭で古寛永通宝と文銭が組み合わさる六道銭が七二例あることと対応している。つまり、古寛永通宝と文銭が一緒になって六道銭として埋葬された例は、渡来銭と古寛永通宝が組み合わさる六道銭一六例の四・五倍もあったことを示している。これは古寛永通宝と寛文八年（一六六八）に新たに発行された文銭との流通銭貨の交替が、ゆるやかに進行し、徐々に新しく発行された文銭の流通が増加していったことを示している。同様の事実は文銭と元禄十年（一六九七）に発行された新寛永通宝との交替も同じようなグラフのパターンとして示されている。これらの銭貨の交替と、渡来銭から古寛永通宝への交替とはまったく事情が異なっていたことがわかる。

江戸以外の六道銭の分析

江戸府内における出土六道銭の分析から、中世以来使われていた渡来銭は幕府発行の古寛永通宝によって急速に駆逐され、流通市場から姿を消していったことが考えられるにいたった。この急速な流通銭貨の交替が、江戸という徳川幕府のお膝元だけに発生した特有の現象なのか、それとも全国規模でおこった出来事なのかを調べてみると、これがきわめて斉一的な現象であることがわかる。図

4（グラフ）は、江戸以外の関東農村部に相当する、二三区以外の東京都・埼玉・千葉・神奈川・群馬・栃木・茨城の各県から出土した六道銭を先と同じようなセリエーション・グラフに示したものである。全体で四九七例の六道銭があり、江戸府内とほぼ同じ出土量があるが、このグラフパターンも、先の江戸府内のグラフパターンときわめてよく類似していることがわかる。

　さらに、江戸と並んで政治・経済の中心地であった近畿地方（実質的には京都と大坂）の出土六道銭一四一例のセリエーション・グラフである図5（グラフ）をみると、渡来銭から急激に古寛永通宝へと転換していることがわかる。近畿地方の近世墓の調査は、堺市内などかなりの調査例のある地域があるものの、全体としては江戸府内や関東周辺に比べると少ない。それにもかかわらず、古寛永通宝の急速な普及が示されていた点は注目される。また、ここには示していないが近畿地方よりも広範な中部・東海・北陸の三地域をまとめた中部地方における出土六道銭一四二例のグラフパターンでも、やはり渡来銭から古寛永通宝への移行は急激である。さらに、図6（グラフ）に見られる中国・四国・九州地方の出土六道銭三〇八例のセリエーション・グラフにおいても、渡来銭から古寛永通宝への流通銭貨の交替は急激に発生していることがわかる。

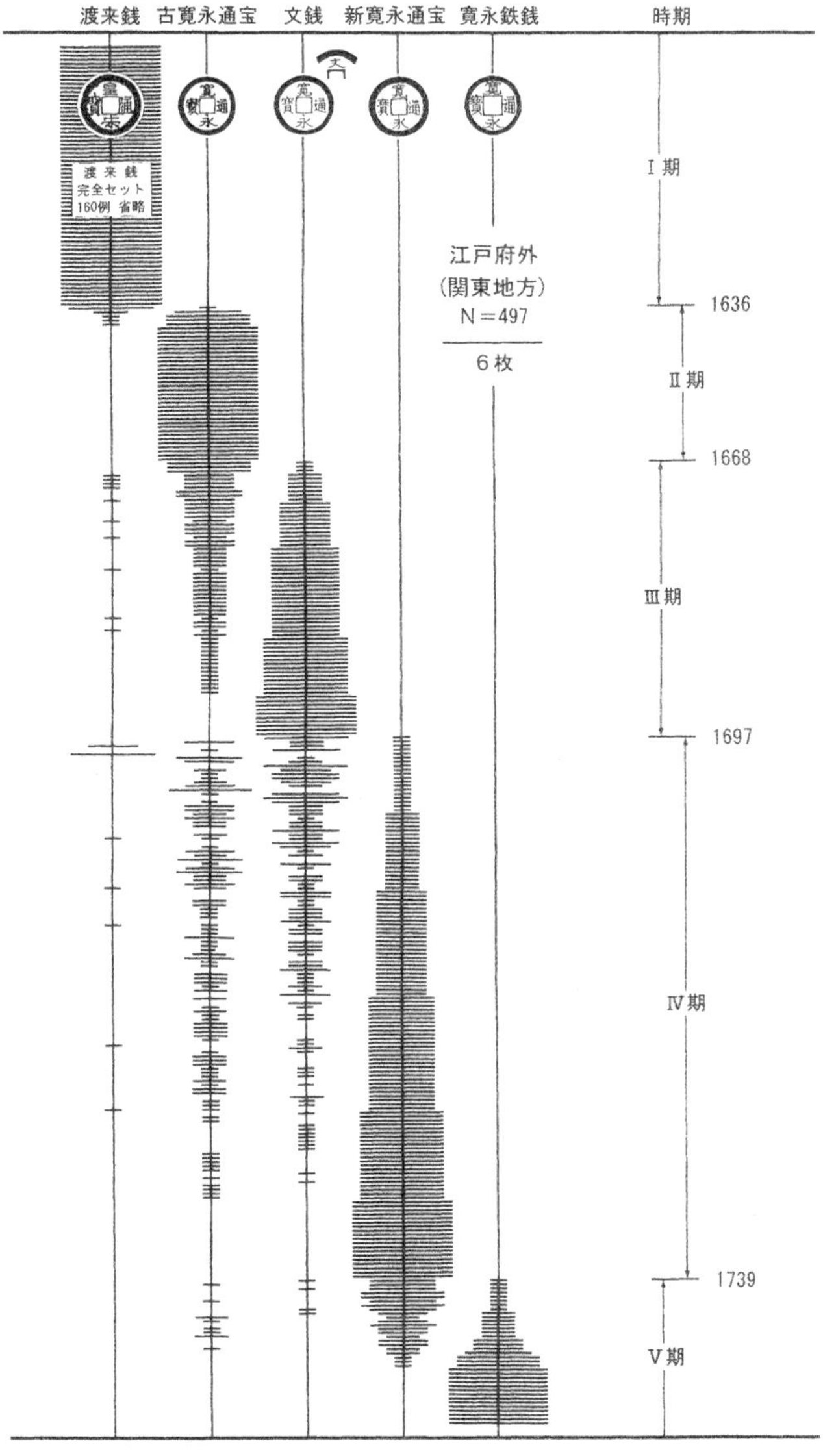

図4　江戸以外の関東地方から出土した六道銭のセリエーショングラフ
（鈴木公雄『出土銭貨の研究』東京大学出版会　より転載）

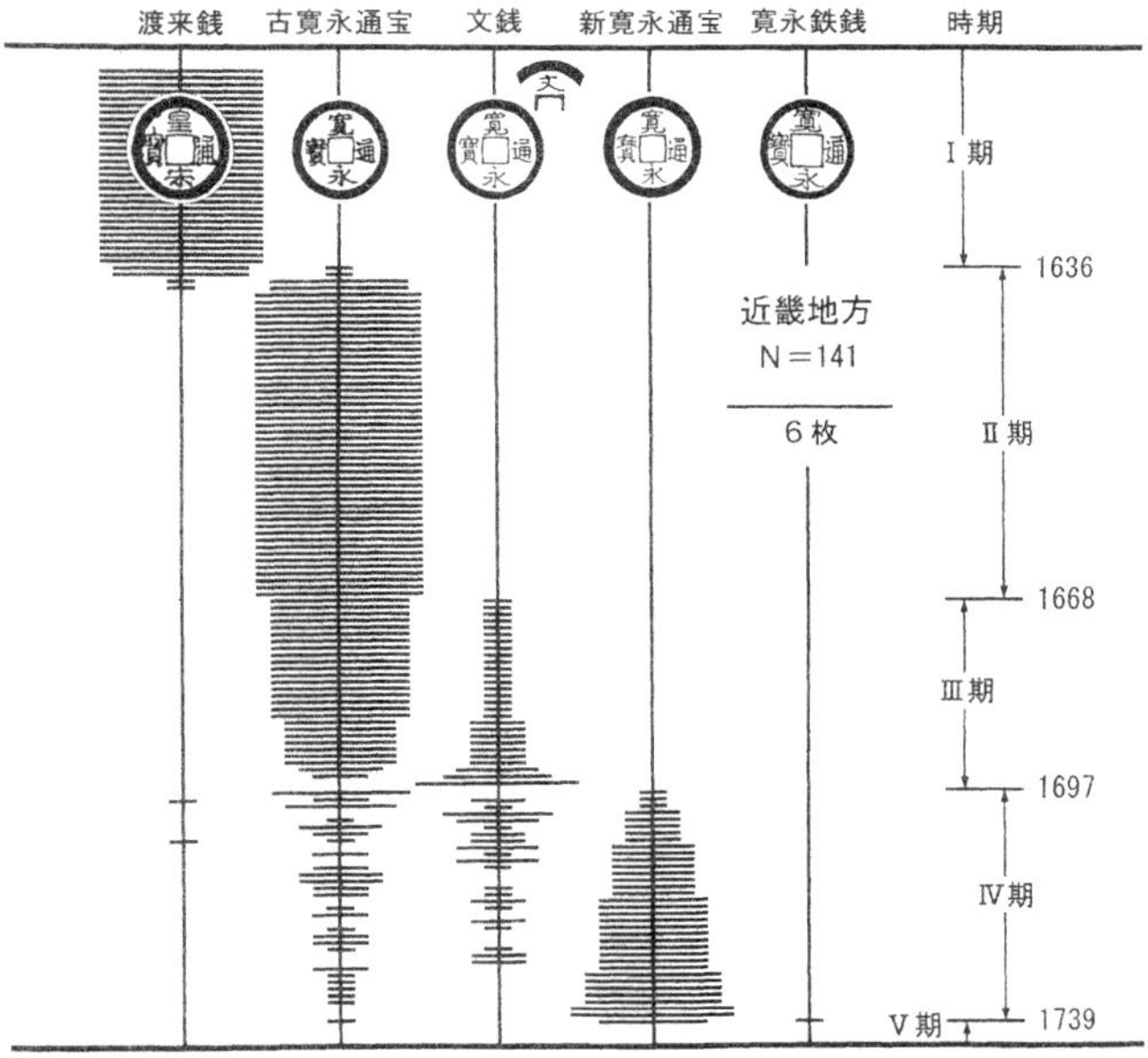

図5　近畿地方出土の六道銭のセリエーショングラフ

江戸府内や関東地方の発見例に比べると少ないが、渡来銭から古寛永通宝への移行が極めて断絶的で、江戸府内や関東地方と同じく両銭貨の交替が急激に進行したことがわかる（図は前頁著書より転載）。

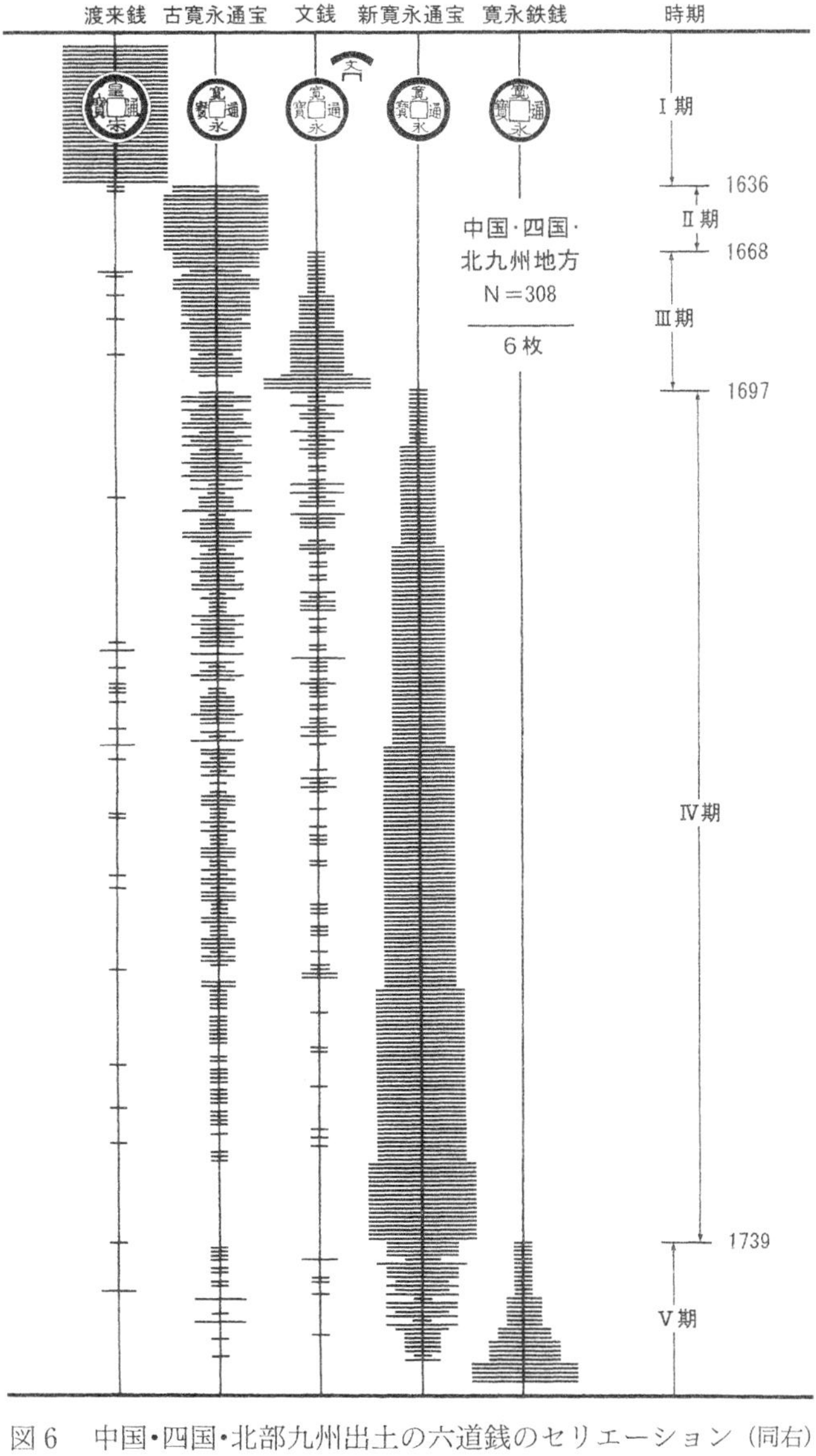

図6　中国・四国・北部九州出土の六道銭のセリエーション（同右）

今日までに収集することができた全国の出土六道銭の完全セット一六一四例を用いたセリエーション分析の結果によれば、中世以来使用されてきた渡来銭の流通は、幕府が一六三六年に発行した古寛永通宝によって急速に置き換えられていったことがわかる。これは日本における貨幣使用の歴史では、最初の大規模な流通貨幣の切り替えといえる。今日といえども、通貨の切り替えや新貨幣の発行にはさまざまな問題が生じることが多い。最近発行された二〇〇〇円札はほとんど流通していないし、変造問題のため新しく発行された新五〇〇円硬貨は、かなりの期間にわたって、多くのJR窓口の券売機では使えなかった。それほど、現に多くの人々に使われている大量の貨幣を取り替えるということは、銀行をはじめとする金融機関や行政組織が発達している今日においても大変なことなのである。ましてや、銀行もなく行政機関のあり方も今日とは比べものにならないくらい貧弱だった江戸時代において、流通通貨の交替を円滑に運ぶことは大変だったに違いない。しかし、出土六道銭の分析結果によれば、かなり急速にその交替が完了していたとみられる。これは、これまでの近世経済史の知見とはかなり異なっている。そこで、今度は江戸時代の諸記録を調べ、日本最初の流通通貨の切り替えがどのように進行していったのかを検討し、考古学の分析結果と文献記録とを対

急速な流通銭貨の切り替え

比させることから、当時の流通銭貨の交替にかかわる全体的な状況を復元してみることにしよう。

日本最初の大規模通貨切り替え

寛永通宝の流通量

渡来銭から古寛永通宝への流通銭貨の交替について、これまでの貨幣史や経済史の研究では、あまり迅速には行われなかったという考えが支配的だった。それは寛永十三年（一六三六）の古寛永通宝の発行から、渡来銭の使用禁止が行われた寛文十年（一六七〇）まで三四年もかかっているという点にあったようだ。しかし、この間の幕府の政策などを細かく見なおしていくと、出土六道銭の分析によって明らかになった、渡来銭から古寛永通宝への急速な交替が再確認できる。

寛永十三年（一六三六）に開始された古寛永通宝の鋳造は、寛永十七年（一六四〇）まで四年間継続され（古寛永通宝第一期鋳造期間）、さらに明暦年間（一六五五〜五八）の三年間に再開され（古寛永通宝第二期鋳造期間）、この間に二七五万貫が鋳造されたといわれている。貫とは銭貨の計量単位で銭一〇〇〇枚をさす。それゆえ、二七五万貫の銭は、二七億五〇〇〇万枚の古寛永通宝ということになる。鋳造期間は一期、二期とも大差ないから、それぞれの期間におよそ一三億枚ほどの銭貨がどっと市場に投入されたことになる。これだけ大量の貨幣が一挙に出回ったとすると、貨幣の供給量が急増し、いわゆるインフレ現象が起きることになる。とくに古寛永通宝の発行時には、幕府はそれまで使っていた渡来銭の引き上げをただちに行わず、新旧の銭をまったく等価で区別することなく使うように命じていたから、これまでの銭貨プラス新しい銭貨が市場に出回り、結果として銭のだぶつき現象が発生した。

銭価の暴落

この結果は東海道の宿々に残る、いわゆる宿場史料にはっきりと示されている。古寛永通宝が発行されて六年後の寛永十九年（一六四二）に、東海道の宿場の多くで銭の値段が暴落し、宿場の経済が困窮したことを示す記録が現れる。銭の値段の暴落というのは、江戸時代の貨幣制度では、金銀銅の三貨の間は変動相場になっていて、それぞれの貨幣を両替するときには、手数料のほかに時々の相場によって交換することになっていたからである。それゆえ、金貨と銭の間には幕府が定めた一両＝四貫文という公定換算レートがあったものの、それが守られていたわけではなく、時々の相場によって一両が三貫文だったり五貫文だったりしたのである。寛永十九年のときには、一両が六貫文という大変な金高銭安相場となった。

　このことがなぜ宿場の経済を圧迫したかというと、宿場では多くの旅人が金貨や銀貨など携帯しやすい高額貨幣を持っていて、支出に応じて小額貨幣である銭と両替して、旅費の支払いに充てていたからである。金銀貨に比べて銭の相場が高ければ、宿場側は金銀貨を少ない銭貨で両替することができるが、銭が安くなれば宿代、人夫賃、駄賃などの収入である銭を金銀貨に換算するとき損をすることになる。つまり金高銭安は旅人が、金安銭高は宿場がそれぞれ有利になる仕組みで、今日の円とドルの相場に似たような状況が、宿場における金銀貨と銭との間にあったのである。

幕府の救済策

　これは大変だというので、幕府は東海道、中仙道の宿々に財政的援助を行った。当時の宿場史料には「お救い」という表現で書き残されているが、その内容をもっともよく伝える例として寛永十九年東海道三島宿に残る史料を紹介すると、以下のようになる。

　幕府は道中奉行を通じて、三島宿の代官に七五〇両の金貨を一六年賦の無利子で貸し付けた。そしてその金貨の返済は公定レートの一両四貫文で換算した銭で行うように命じた。つまり三島宿は当時一両六貫文の相場になっていた銭を買い、その返済には一両につき四貫文で済ますことができたのだから、単純に考えると相場と公定レートとの差額である二貫文が、両替差益の形で宿場の財政を潤すことになるのである。七五〇両全部をこの方法で処理すると、返済がすんだあと宿に残る両替差益は（七五〇×六）－（七五〇×四）＝一五〇〇貫（三七五両）にもなる。もちろん両替をするときに多少の手数料（切賃）が取られたはずだが、それにしても、七五〇両の借金の半分近くを宿の財政に利用できることになる。しかも一六年賦で無利子という好条件である。

寛永十九年には、三島宿のほかに、藤沢（五〇〇両）、箱根（七五〇両）、浜松・舞坂・新居・白須賀の四宿（各八〇〇両）、二川《ふたがわ》（二〇〇両）、藤川（七二五両）、岡崎（八〇〇両）、池鯉鮒《ちりゅう》（七〇〇両）、四日市（九〇〇両）、関（九〇〇両）、坂下（九〇〇両）など、同じような貸し付けが行われている。寛永二十年にも同様の金貨貸し付けが、東海道、中仙道の宿にいっせいに交付されている。それぞれの宿の記録が火事などで焼けたりして残っていない場合もあるが、東海道の宿には一宿あたり五〇〇から九〇〇両相当の金貨が貸し付けられていたとみられる。平均的に七五〇両と考えると、東海道全体で寛永十九年だけで約四万両という巨額になる。

さらに幕府は寛永十九、二十年にわたって、金貨だけでなく、各宿に大量の米を貸しつけて売却させ、その代金を一両四貫文の公定レートで計算した銭で返すように指示していた。これは米が金貨の替りとしての役割を果たしていたことを示している。このときの米の量は、東海道では藤沢（三三一二俵）、箱根（一五〇〇俵）、三島宿（二〇一八俵と一五〇〇俵）、島田（二〇〇〇俵）、浜松（一七〇〇俵）、舞坂（一六六四俵）、岡崎（二七六八俵）、四日市（八〇六俵と九〇〇俵）、関（六〇〇俵）、坂下（六〇〇俵）、中仙道では垂井（三一〇石）、番場（六〇〇俵）、鳥居本（六〇〇俵）、高宮（六〇〇俵）、愛《え》知《ち》川《がわ》（六〇〇俵）という大量なものだったから、これまた巨額な救済資金だったといえる。

ここで注目しなければならないことは、これらの救済資金のすべてが、幕府公定レートの銭で返済するように命じられている点である。これは大量の銭が返済金の形で幕府に還流していくことを意味する。つまり、新たに投入された古寛永通宝は、従来の渡来銭とともに使われたため、銭貨の供給過剰現象が起こり宿場の経済が困窮した。それを、銭による返済金によって宿場の経済を救済するとともに、その原因とみられる、だぶついた銭の回収を、一挙に解決しようとした意図がみられる。そうだとすると、このような政策を考えた幕府の周辺には、相当な知恵者がいたと考えなければならない。

渡来銭の回収と古寛永通宝の普及

この幕府による経済政策のシナリオがそのとおりであったか否かを検証するには、救済金の返済として幕府に戻ってくる銭が、中世以来の渡来銭が中心だったのか否かという点にある。もしそうであれば、幕府は宿場の救済、過剰な流通銭貨の吸収、渡来銭の駆逐と古寛永通宝の普及という諸政策を一挙に解決できたことになる。それには、宿場から返済された銭がいかなる銭であったかを確かめる必要がある。

幕府は宿々に対して、返済のための銭はどのような銭でなければならない、という指示はしていない。しかし思いがけない史料の存在によって、このときに返済された銭の多くは渡来銭であったと考えられる根拠がある。それは江戸から遠く離れた鹿児島藩の記録に見られる。鹿児島藩では藩内から産するタバコに対して、煙草銭という税金を課していた。その収納記録の一部が、鹿児島藩の勘定所日記に記されているが、銭価格の大暴落が起きる二年前の寛永十七年（一六四〇）に納められた上下鹿児島煙草銭は、古銭（渡来銭のこと）で四八貫文、新銭（古寛永通宝のこと）で九貫二二五文、銀で一二匁八分という内訳になっていた。

古寛永通宝の鋳造が始まってわずか四年後の鹿児島において、税金として納められた銭の八割以上が渡来銭だったのである。おそらく、納税者たちはまもなく渡来銭が幕府によって流通停止になることを予想し、古い銭で税金を支払おうとしたに違いない。一方の鹿児島藩も、そのような古い銭による納税を拒否することはできなかった。というのは、幕府が法令として渡来銭（古銭）と古寛永通宝（新銭）とを区別なく使用するように、という命令を発していたからである。

この鹿児島藩の記録からみて、東海道や中仙道の宿々から返済される銭も、中世以来の渡来銭であった可能性がきわめて高い。幕府が本腰を入れて大量の銭貨を鋳造しはじめたのだから、いずれ渡来銭は流通停止になるだろうと誰しも考えるわけで、鹿児島藩の江戸家老などは、堺の商人にまで手を廻して、流通停止になる時期を探ろうとしていたほどだった。

鹿児島藩が心配したのは、もしも渡来銭が流通停止になると、鹿児島藩内で現に流通している約八万貫ほどの渡来銭が無価値になり、大損害を被るのではないかと恐れたためである。同じようなことは宿場の人々も考えたことだろう。だから、幕府が渡来銭と古寛永通宝とを区別せず使うようにといっている間に、どんどん渡来銭を返済金として納めようとしたに違いない。このようにみてくると、幕府が古寛永通宝の鋳造を開始したときに、渡来銭と古寛永通宝との価格を区別することなく、両者を等価で通用させたということも、新旧の銭貨の交代を自然に行わせようとする遠謀深慮であった可能性が高い。

銭価の高騰

幕府の宿場救済と銭貨回収の政策が実効を上げたかどうかをみると、一三年後の明暦元年（一六五五）には東海道、中仙道の宿々で、今度は金貨に対して銭が高騰したことが報告されている。銭が高騰したということは、金貨に対して銭の供給量が減少したことを意味するから、古寛永通宝の鋳造以来発生していた銭貨のだぶつき現象に歯止めがかかったこと、すなわち渡来銭の回収に成功したことを示している。

そこで幕府は再び興味ある政策を発動した。すなわち、寛永十九・二十年のときとは反対に、各宿場に大量の銭貨を貸し付け、それで安くなった金貨を買わせて返済させたのである。たとえば、東海道の藤川、岡崎、池鯉鮒（現在の知立）の三宿に一宿あたり六六二〇貫文もの銭を無利子で貸し付け、それで安くなった金貨を買い、その返済を一両＝四貫文で換算した金貨で決済させた。池鯉鮒宿の記録によれば六六二八貫六五〇文の銭を借り、万治元年（一六五八）までの三年間に一両＝四貫文で計算した金貨で返したので得をした、とある。同じような記録は東海道藤沢（五〇〇〇貫）、二川（三六〇〇貫）、中仙道大垣（四六六貫六五〇文）、垂井（四六六貫六六五文）、関ヶ原（二〇〇貫）、今須（四六六貫六六五文）などの宿にも見られるので、東海道、中仙道の宿々にいっせいに行われていたことがわかる。このときはちょうど幕府による古寛永通宝鋳造の第二期に当たっているから、各宿場に大量に貸し付けられた銭貨は古寛永通宝そのものであったに違いない。

寛永十九・二十年（一六四二・四三）の大量金貨貸し付けと銭貨による返済によって、東海道の宿々から渡来銭が幕府に回収され、その一三年後の明暦元年（一六五五）には大量の銭貨の貸し付けと金貨による返済とによって、今度は金貨が幕府に回収されていったことがわかる。つまり幕府は金高銭安相場から金安銭高相場への変化によって生じた両替差益を利用して、宿場の救済を行うとともに、銭貨と金貨を巧みに還流させ、結果として供給過剰になった銭貨の回収と、その手段として用いた金貨の回収、さらには新しく発行した古寛永通宝の普及をも可能にしたとみることができる。

これは金貨と銭貨の間の変動相場を実に巧みに利用した貨幣流通政策といわねばならない。このような開明的な貨幣政策が実施されていた事実は、十七世紀の徳川政権の経済的手腕を再評価する必要がある。この結果、明暦元年から万治元年にかけての古寛永通宝第二期鋳造期間にあたる一六五五〜五八年ごろまでには、渡来銭から古寛永通宝への流通銭貨の交替は実質的に完了していたとみられる。幕府はその約一二年後にあたる寛文十年（一六七〇）に、あらためて渡来銭の流通禁止を通達しているが、これはその時点まで銭貨交代の期間がつづいていたことを示すのではなく、もはやその時点において渡来銭の流通を公式に停止しても、銭貨の流通になんら混乱が起きないことを見通した、いわば流通銭貨交替の終結宣言と受け取ることができる。

十七世紀徳川幕府の銭貨政策

十七世紀の中ごろに東海道・中仙道の宿々に対して幕府が行った助成の総額は、個々の宿場における史料の保存状態がまちまちであるため、正確な統計はできないものの、東海道水口宿がまとめて記載しているところによれば、寛永十三年から延宝二年（一六三六〜七四）までに総計で米三二四三俵、金一九八二両、銭九六三〇貫五一九文という額になる。他の宿も平均してこのくらいの助成額だったと仮定すれば、東海道全体では米約一六万五〇〇〇俵、金約一〇万五〇〇〇両、銭約五一万貫という巨額に達する。しかもこれらの助成の多くは無利子で行われていた点にも注目しなければならない。これだけの赤字財政支出を幕府があえて実行する必要は、いかなる点にあったのだろうか。

江戸時代になっても、幕府が寛永十三年（一六三六）に古寛永通宝を発行するまでは、中世以来の渡来銭が使われていた。出土六道銭でこれらの銭を見てみると、図2の1に示したように、中世以来使われて薄くなり、銭の銘文もすりきれて読みにくくなっているものが多い。それでも銭は小額貨幣として日常の取引には欠かせないものだから、なんとか我慢をして使っていた。こんなくたくたの銭でも人々が受け入れていたのは、幕府がいち早く発行した慶長金銀と銭の値をリンクさせる政策を取っていたからである。

慶長十三年（一六〇八）と十四年に、幕府はこれまで流通していた銭貨のうちで、永楽通宝の流通を停止し、それ以外の中国渡来銭（当時の言葉で鐚銭《びたせん》とよんでいた）を流通銭貨として認めることとし、さらに永楽通宝は一貫で金一両、鐚銭は四貫で金一両という交換レートを定めた（永楽通宝の流通停止については次の章で取り上げる）。この鐚銭四貫＝一両という換算率は、その後長く公式的には幕府の公定レートとして、江戸時代全般に用いられた。教科書などによくでてくる江戸時代の貨幣制度の説明はすべてこれによっている。しかし、実際には金貨と銭貨の交換比率は先ほどから述べているように、相場によって変動していたのであり、これが江戸時代の貨幣制度の実態であった。

それゆえ、ここで大切なことは、慶長十三・十四年に一両＝四貫文という金銭交換レートが設けられたということ自体にあるのではなく、銭貨と金貨の交換を幕府という権力主体が公式に認めたという点にある。つまり中世以来のくたびれた鐚銭と金貨との交換を、公権力が保証したことが大きいのである。そうなれば、人々はたとえ鐚銭が少々くたびれていても、通貨として安心して使うことになったのである。つまり銭貨の安定流通が政治的に保証されたのである。

両替公定レートと銭高相場

しかし、慶長以来三〇年ほどたってくると、再び新たな問題が銭貨の流通に起こってきた。それは鐚銭の流通量の不足という問題だった。幕府は寛永十三年までに十分な量の銭貨を発行せず、中世以来の渡来銭をそのまま使っていたのだから、流通銭貨の量は一定か、さもなければ六道銭によって埋められたり、紛失したり、火事で焼けたりして、流通量は減少する一方だったに違いない。それに対して幕府は慶長金銀という新しい金銀貨を発行していったのだから、しだいに銭貨の量に対する金銀貨の量が相対的に増大してくる。この結果何が起こったかというと、先ほどから取り上げている金貨に対する銭価格の高騰、つまり金安銭高相場の出現である。

銭が高くなると、銭を持っている者が金貨と有利に交換できる。そうなると、金貨が主な収入となっている人々や金貨を銭に替えて使おうとする人たちが損をする。具体的には金貨で俸禄をもらっている武士や旅人などが困る。とくに街道筋を往還する人々は旅費の

表2　東海道・中仙道宿場の金・銭相場の変化

年次	相場	宿場	出典
寛永12（1635）	1両＝2貫700文	大垣	大垣宿問屋留書
14（1637）	1両＝3貫024文	大垣	大垣宿問屋留書
16（1639）	1両＝3貫640文	大垣	大垣宿問屋留書
19（1642）	1両＝6貫文	藤川	藤川宿諸色覚帳
19（1642）	1両＝6貫文	岡崎	藤川宿諸色覚帳
19（1642）	1両＝6貫文	池鯉鮒	池鯉鮒宿覚書帳
20（1643）	1両＝6貫文	藤川	藤川宿諸色覚帳
20（1643）	1両＝6貫文	池鯉鮒	池鯉鮒宿覚書帳
20（1643）	1両＝5貫500文	岡崎	岡崎伝馬町旧記録

古寛永通宝の発行された寛永13年以前においては著しい銭高相場だったのが、古寛永通宝の普及と共に急速に銭安相場に移行し、寛永19・20年には急激な銭価格の暴落を引き起こしていることがわかる（表は鈴木公雄『出土銭貨の研究』東京大学出版会　より転載）。

目減りが起こる。当時の旅人は江戸時代の後半のような庶民中心ではなく、参勤交代や公用を帯びて旅行する武士が多かったと考えられる。そうすると、宿場において両替をするときに、両替商の言い値では納得せず、交換をめぐって揉め事が多くなることが考えられる。

幕府もこの点には気づいていて、古寛永通宝の鋳造開始の直前にあたる寛永十三年五月には、大坂城に備蓄されていたお蔵銭（渡来銭）を、東海道の各宿に一〇〇貫文あていっせいに配布したが、あまり効果がなかった。さらに幕府は各宿場に金銭相場や諸物価の動向について報告させている。表2は東海道、中仙道の宿からの金銭相場の報告をまとめたものだが、これを見ると興味あることがわかる。まず、古寛永通宝発行の一年前にあたる寛永十二年（一六三五）の大垣宿では、一両＝二貫七〇〇文というすさまじい銭高相場が報告されている。そしてそのなかで宿側は「御公義様（幕府のこと）から両替のご用があったときには、一両を四貫文の公定レートで銭に交換いたします。しかしそれ以外の人々には、そのときの相場で両替を致します」と言っている。

これは幕府に提出された書類の写しに見られるのだから、この二重価格は幕府も黙認していたと考えられる。とすると、寛永十二年の大垣宿では、幕府の関係者には一両＝四貫文で交換し、それ以外の旅人には一両を二貫七〇〇文の銭にしか替えないということになる。これを幕府以外の武士が知ったらおそらく一悶着《ひともんちゃく》起こったに違いない。たぶん強引に幕府と同じ値段で銭を買おうとしたに違いない。つまり強引な押し買いが起こり、これは宿場の治安を不安定にしたとみられる。それというのも銭の流通量が少なかったことに原因があったのだ。

古寛永通宝の流通と銭価の暴落

ところが古寛永通宝の鋳造が始まった一年後の寛永十四年には、一両＝三貫ほどに値を戻し、その二年後の寛永十六年には三貫六四〇文と公定相場に近づいている。古寛永通宝の大量供給が早くも効果を見せているのである。そしてその三年後の寛永十九年には、なんと一両＝六貫文という銭価格の大暴落が起こったのである。これは大量に発行された古寛永通宝が出回った結果、今度は銭の供給過剰になったことにほかならない。このとき発生した金銭価格の大幅な変動は、京都における銀銭相場でも同様に確認できるので、これがけっして街道筋だけでおこった局部的な現象ではなく、広範な地域で起こった経済現象であったと確認できる。

　幕府は宿場のみならず広い範囲にわたって銭が不足している現状を解決するために、古寛永通宝の発行を推進したのだが、それが思わざる銭価格の大暴落を招いたのである。そこでとくに緊急性をもつ宿場経済の救済のため、急遽宿場に金貨や米を貸し付け、金高銭安の両替差益を利用して、その返済を銭で決済させることで解決しようとした。幕府がなぜそんなに宿場を大切に扱おうとしたかというと、古寛永通宝が発行される一年前の寛永十二年に発布された武家諸法度において、はじめて参勤交代が法制化されたからである。大名が国元と江戸との間を定期的に往還する参勤交代は、江戸時代の後半においては形骸化したけれども、十七世紀の時点では幕府の強力な大名統制政策だった。この制度を効果あるものとするには、宿場・伝馬・街道などの交通制度の整備と維持が不可欠であり、とくに宿場はその中心をなす拠点として重要な存在だった。幕府が採算を度外視する形で大量の助成資金を宿場に投入したのは、まさにこのためであったのだ。

通貨政策と政治

このように見てくると、古寛永通宝の発行は銭貨不足の解消という経済的目的だけで行われたのではなく、銭貨の供給不足が参勤交代制の円滑な実施を妨げかねない、という政治的危機を回避するために実行されたと考えた方が適切である。ところが銭の供給過剰による宿場の経済的困窮という予期せざる出来事に遭遇し、今度は急遽銭貨の回収を行わねばならなくなった。そしてその過程で、おそらく期せずして新旧の銭貨の切り替えが円滑に行われることになったというのが実情だろう。その意味で、古寛永通宝の発行時点で、幕府がその結果起こるであろう経済上の混乱を、すべて見通せていたわけではなかっただろう。むしろ金銭相場の混乱といった、思わざる出来事に迅速な対応を迫られる過程で、今度は金銭相場を逆手に利用した巧妙な政策が考え出されたに違いない。これは一種の対症療法的な対応ではあったが、貨幣や経済の動きに対する的確な判断をともなっていたという点で、きわめて開明的な政策だったことも事実である。その意味からすれば、幕府の政策において経済と政治は互いに深く結びついていたのである。

寛永銅銭から寛永鉄銭へ

銅資源の不足と銭貨

古寛永通宝の鋳造に始まる徳川幕府の銭貨発行はその後順調に進み、寛文八年（一六六八）に文銭、元禄十年（一六九七）に新寛永通宝とほぼ約三〇年おきに新しい銅銭が発行されていった。これら三種の寛永銅銭はいずれも流通市場に受け入れられていったが、最期の新寛永通宝を発行するころから、銅銭の鋳造が困難になってきた。それには二つの理由が考えられる。その一つは、銅資源が不足してきたことである。いかに小銭とはいえ、日常の需要にこたえるためには大量の供給が欠かせない。そのためには銅資源の確保が何より大切であった。これは、すでに古寛永通宝を発行するときに幕府がオランダ商館に対して、銅の輸出をしばらく禁止する旨の通達を出していることからもわかる。

二番目の理由は、十七世紀を通じて有力な輸出品であった銀の産出量が減少し、これに替って銅の輸出がさかんになってきたことによる。このためただでさえ不足気味の銅の値段が高くなり、銭を鋳造するコストがかかりすぎるようになってきたためである。それというのも、金銀座に命じて厳しい統制のもとに発行していた金銀貨とは違って、銭の鋳造は多くの場合請負制となっており、一定の基準さえ満たせば商人でもその発行と販売ができたからである。このような場合、銅地金の高騰は鋳造コストを圧迫する要因になったのである。

この点は出土六道銭《ろくどうせん》からはっきりと確かめることができる。前掲の図2の4~7を見ていただきたい（二五ページ）。4から6までは古寛永通宝と文銭だが、これらの銭は銭の直径が等しく、文字もしっかりと鋳出されている。この図では示せないものの、各銭の重量もそろっている。これに対して、7の六道銭は、いちばん左の一枚は古寛永通宝だが、残りの六枚はすべて新寛永通宝である。これらを比べてみると、古寛永通宝に比べて新寛永通宝の銭の直径が小さくなっていることがわかる。さらに、銭の厚さも薄くなっている。銭が小さくかつ薄くなっているのは、銅を節約した結果にほかならない。古寛永通宝、文銭の二つは大きさ、重量、鋳上がりのすべてでよくコントロールされた銭貨だが、新寛永通宝はその点で良質とはいえない側面をもっている銭貨なのである。

しかし銭は小額貨幣として必要なものだから、流通市場に一定量の供給をつづける必要があった。幕府もそれはわかっていたのだが、銅不足という事態が、銅銭の継続発行を困難にしたのである。そこで幕府は日本貨幣史上きわめてユニークな政策を実施しようとした。それが鉄製の寛永通宝、すなわち寛永鉄銭の発行である。

鉄は卑金属の代表のような金属で、中国の宋代に鉄銭が発行された以外、世界的にみて貨幣として使われることは少ない。それは鉄がすぐに錆びてしまい、金属貨幣として長期の使用に耐えないからである。『魏志《ぎし》』倭人伝《わじんでん》には鉄のインゴット（鋳塊）があたかも貨幣のように取引されていると記されているが、これは財貨として交易の有効な品目であったことを示すもので、貨幣としての扱いを受けていたのではない。

青木昆陽の鉄銭論

幕府が寛永鉄銭の発行に踏み切るのは元文四年（一七三九）のことだが、それにいたる間に論議された青木昆陽《こんよう》のいわゆる「鉄銭論」にはきわめてユニークな貨幣観が示されている。青木昆陽は上申書を幕府に提出して、鉄銭発行の必要性を説くのだが、その論旨は以下のようなものだった。

近頃新しい銅銭を発行されようとなさいましたが、銅が高値になり発行人たちが困っております。銅が高いのであれば中国の宋代にも例のある鉄の銭を発行されてはいかがかと存じます。鉄は錆びやすく長期の使用に耐えないものですが、五、六十年くらいはもつものです。このくらいの期間使えれば多くの民を救うことになると存じます。太平の世がつづけば、お上の金銀の貯えはそれほど多くないのですから、未来永劫のお救いにはならなくとも、五、六十年程度のお救いになれば大変結構なことだと存じます。古寛永通宝と文銭は地金も良好で、中国の銅銭と同じく長期の使用に耐える銭ですが、近年発行した新寛永通宝は銅の質が悪いので、鉄銭と同じくらいしかもたないものです。それならば、鉄銭をこのさい発行して万民のお救いとなさるのが宜しいかと存じます。銭を発行するとき、品質管理をきちんとすれば良い銅銭が作れるはずだという意見もありますが、銅が高いと幕府を欺いて混ぜものをしたり、薄い銭にしたりするでしょうから、銅銭であっても結局は腐れやすいものになるでしょう。そうであれば、鉄銭を発行されるのが宜しいかと存じます。

昆陽は中国の宋代に例のある鉄銭の鋳造に踏み切るべきだと主張する。その根拠は、鉄銭の耐久性は銅銭よりも劣っているが、五、六十年くらいは大丈夫で、そのくらいの期間人々の役に立てばよいではないかという、きわめて合理的な主張を述べている点が注目される。この建議に対して幕府がどのように対応したかはわからないが、一旦は鉄銭の鋳造を見送ったようである。というのは、昆陽が元文三年（一七三八）に再び鉄銭の鋳造について上申しているからである。そこで昆陽は再び以下のような提案を行っている。

昆陽の鉄銭試作品

鉄銭の試作品を一文ご覧に入れます。この程度には作れるのですが、量産していけばもっとうまく仕上がると存じます。ただし、これ以上薄く仕上げるのは難しいようです。鉄は銅よりも重いものですから、他国に運び出すのが難しく、また腐蝕しやすいので銭を買い占めたり、買い置きをすることが難しいので、流通の支障にもならないと存じます。宋代の銭貨の歴史を勘案すると、この時代は天下が長く平穏であったため、人口が増加し、そのため年々の銭の鋳造量も多くなったように見うけられます。今のご時世も太平が久しくつづいておりますから、鉄銭をたくさん鋳造されるのが宜しいかと存じますが、今すぐではなく、来春にでもなされば宜しいでしょう。もし銅が今よりも高値になればすぐにでも鉄銭の鋳造を開始されるべきだと存じます。

元文三年の提案では、鉄銭の試作品一枚を添えていることからみて、昆陽の鉄銭発行にかける意気込みは、並々ならぬものがあったようだ。鉄の金属としての特質がかえって銭の買占めなどによる価格操作を防げるという点を強調したり、中国の事例を引いて鉄銭の発行に踏み切るべきことを再三主張している。

寛永鉄銭の発行

幕府が寛永鉄銭の鋳造に踏み切ったのは、この提案の翌年にあたる元文四年（一七三九）だから、この昆陽の提案が大きな意味をもったことは間違いないといえる。その後幕府は明和期（一七六四～七二）、天保期（一八三〇～四四）、文久期（一八六一～六四）と断続的に鉄銭の発行を繰り返し行い、総鋳造量は六三三万貫と、寛永通宝一文銭のなかでは最大量に達した。この結果からみて、昆陽の見通しが的確だったことが評価されるとともに、鉄という素材で作られた銭が、流通市場で拒否されることなく受け入れられたことがわかる。これはまた、鉄銭が、その素材の価値に左右されず、小額貨幣としての役割を果たす、いわゆる名目貨幣としての性質を確立したことを示すものでもあった。

寛永鉄銭の普及状況は出土六道銭の分析からも確かめられる。前掲したグラフ（図4～図6）の一番右端のところを見ると、寛永鉄銭が急激に増加してくる傾向が読み取れる。しかし、これらのグラフには寛永鉄銭の量自体はそれほど多く表されてはいない。それは鉄銭の普及した十八世紀後半の墓地の調査が多くないからである。なぜかというと、江戸時代の墓は十七世紀から十八世紀の前半までと、それ以降とではその立地が異なり、十八世紀後半以降の墓地の多くは、今日でも依然として墓地として存在している。それに比べて、十七世紀を中心とした墓地は、すでに廃絶しているため、地域開発などによって調査される機会が多いからである。しかし別の分析を行ってみると、六道銭に鉄銭が普及する速さは、他の銭貨以上だったことがわかる。

寛永鉄銭の六道銭

寛永鉄銭を含む六道銭はこれまで全国で三六二例知られており、そのうちで一二四例が六枚一組の完全セットである。さらにそのなかで、鉄銭のみが六枚の寛永鉄銭完全セットは三〇例存在している。この比率は古寛永通宝などの寛永銅銭よりも高い。これは多くの人々に寛永鉄銭が行き渡り、埋葬のときに六枚の銭を取り出すときに、寛永鉄銭のみ六枚となる確率が高かったことを示している。寛永鉄銭が大量に人々に使われるようになり、しかも埋葬にあたって、鉄銭だから銅銭よりも劣っているとは考えていなかったため、このような現象が起こったと考えられる。木銭や焼き物の銭では、閻魔《えんま》大王が納得しないかもしれないと思った庶民も、幕府発行の鉄銭ならばそんなことはないと考えたのだろう。

江戸時代の銭貨は、その前半にあたる十七世紀から十八世紀の前半にかけては銅銭だったが、その後半にあたる十八世紀のなかば以降は鉄銭が主体となるのである。この事実はあまりよく知られていない。コイン商などの店先に並んでいるのは寛永銅銭であって、鉄銭はほとんどない。だから江戸時代は銅銭ばかり使っていたかのように錯覚しやすい。架空の話だが、銭形平次が銭を飛ばしたときに使ったのは、銅銭ではなく鉄銭だったはずだ。平次の活躍した時代が江戸時代後期という設定になっているからである。

六道銭は「げんなま」に限る

六道銭と代用木銭

先に『板倉政要《いたくらせいよう》』に記された六道銭《ろくどうせん》の代用品についてのお裁きを紹介したが、そのとき問題になった木銭や焼き物銭について、その後これらの銭代用品が、江戸時代ではどのように扱われていたかを紹介しておこう。江戸時代の中ごろに出された六道銭禁令では、銭貨を埋めることを停止させようとする姿勢は示されているものの、代用品の使用については一切触れられていない。そんなことを言っても効果が期待できないと頭から思っていたのかもしれないが、実際の考古学資料ではわずかだが木銭や焼き物銭の例が知られている。

金沢市の久昌寺からは合計二六九基の江戸時代墓が発掘されたが、二九号棺とよばれる墓から五枚の木銭が発見された。銭形に加工した小さな木の板の表面に「寛永通宝」、裏側に「文」と墨書きで記されているので、寛文八年（一六六八）鋳造の文銭（文字寛永通宝）を表したものに間違いない。文銭は古寛永通宝よりも発行量は少なかったが、良質の銭だったので木銭として模倣されたのだろう。また、北九州市宗玄寺からも円形の木の板に方形の孔をあけた銭形品が発見されているが、これには文字が書かれていない。

　これらの木銭はまさに『板倉政要』に出てくる木銭を彷彿《ほうふつ》とさせるものだが、類例はけっして多くはない。江戸の墓地遺跡からは大量の墓が発見されているが、今のところ木銭は存在しない。木で作られたものだから、土中で分解してしまう場合もあったとみられるが、江戸の墓の多くからは、櫛《くし》や漆器《しっき》、箸《はし》といった木製品がかなり発見されているから、同じ木製品である木銭が存在しないのは、やはり副葬されることがなかったことによると考えられる。

　ところが文献記録によると、今の山口県にあたる長門《ながと》国府中藩の支藩となる清末《きよすえ》藩で、宝暦九年（一七五九）に出された御条目に「埋葬のときに使う六道銭は、今後は木で銭形を作り埋葬に使うように」という指示が出されている。出された年代からみて寛保二年（一七四二）の幕府の六道銭禁令を受けて各藩で対応していったときの法令であると考えられる。清末藩という小さな支藩が単独で行ったというよりも、おそらく本藩である府中藩にならって発した法令と考えた方が自然だから、おそらくいくつかの藩では幕府の意向に沿って、六道銭の禁止を実行しようとしたと考えられる。今後各地における江戸時代墓地の調査の結果で、この点が明らかにされるのを期待したい。

代用焼き物銭

木銭と同じように、焼き物銭もあまり人々に好まれなかったようだ。粘土を焼いて作った貨幣類似品は、銭に限らず、二朱金、一分銀、南鐐《なんりょう》二朱銀など各種のものが存在する。東京都自證院遺跡六四号墓からは文銭二枚、新寛永通宝四枚の六道銭とともに、図7の2〜6のような、焼き物の判金一枚、南鐐二朱銀二枚、真鍮製小判一枚の貨幣類似品が発見された。この墓は性別不明の小児の墓だが、六道銭は本物の寛永銅銭が六枚きちんと納められているところをみると、どうやら子供の玩具として収められたもののようである。

この焼き物の南鐐二朱銀を見ると、表に「此南鐐八十秤不成小判一両」などというふざけた文言が鋳出されている。本物の南鐐二朱銀には「此南鐐八片換小判一両」と記すべきところを、「不成一両」とふざけた文句にしている。またその裏側には発行主体の「銀座常是」という銘を本物は鋳出すのだが、この焼き物二朱銀は、「銀座常売」という人を食

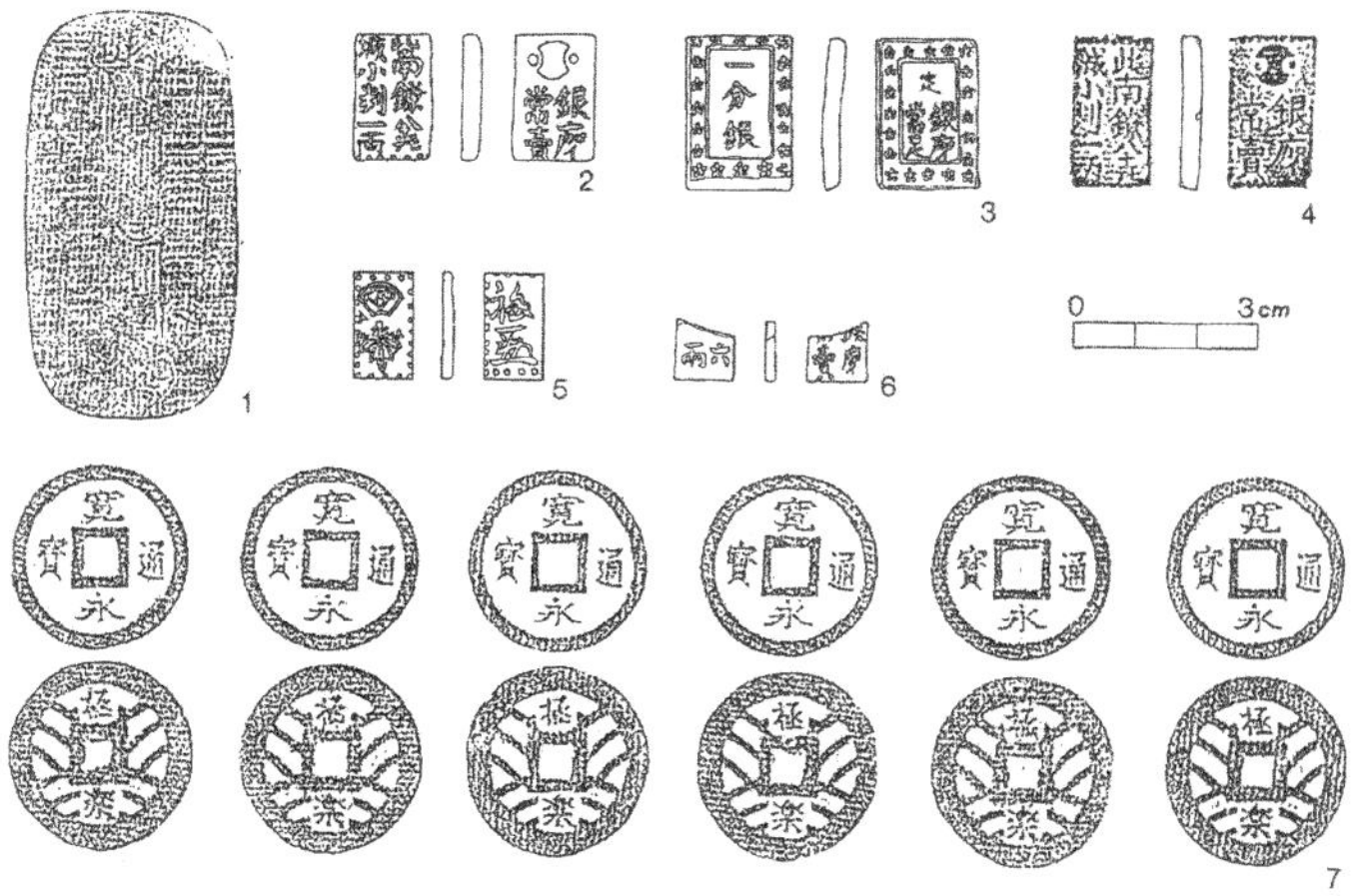

1　芝離宮庭園　　2〜6　白金館址　　7　筑紫野市近郊採集

図7　各地から出土した貨幣類似品

1は真鍮製の小判、2〜6は焼き物の銀貨と金貨である。これらは子供の玩具であったと見られる。7は鉄製の六道銭代用品で裏に極楽と言う文字が鋳出されている（図は鈴木公雄『出土銭貨の研究』東京大学出版会　より転載）。

った表現にしている。こんな貨幣類似品を閻魔大王の前で見せたら、閻魔様はかんかんに怒ってしまうに違いない。だから寛永銅銭の本物の六道銭をしっかり埋葬しているのである。

念仏銭・題目銭

木銭も焼き物銭もとうてい本物の六道銭にとって代わることができなかったが、これらのほかに念仏銭、題目銭とよばれる銭形製品が存在する。これは図8に見られるように、形と材質は寛永銅銭とまったく同一で、違うのは寛永通宝とある部分が、南無阿弥陀仏（念仏銭）、南無妙法蓮華経（題目銭）という有り難い文言が鋳出されている。これはまさに死出の旅路に持たせるにふさわしい品物と考えられるにもかかわらず、思ったほど普及していない。

念仏銭、題目銭は現在まで全国各地の五一墓から九九枚ほど発見されており、そのうち念仏銭が四四墓九二枚と圧倒的に多い。おもに江戸市中の墓からの出土が多いが、最近では関東周辺、金沢、大阪、小倉、福岡など、地方の大都市からも出土するようになってきた。これは確かに木銭や焼き物銭に比べると多くの人に用いられたといえるが、六道銭を出土した全国の近世墓は三〇〇〇以上存在しているから、比率にすれば二％にも及ばない。やはりこれらを寛永通宝の代用とすることはできなかったのである。

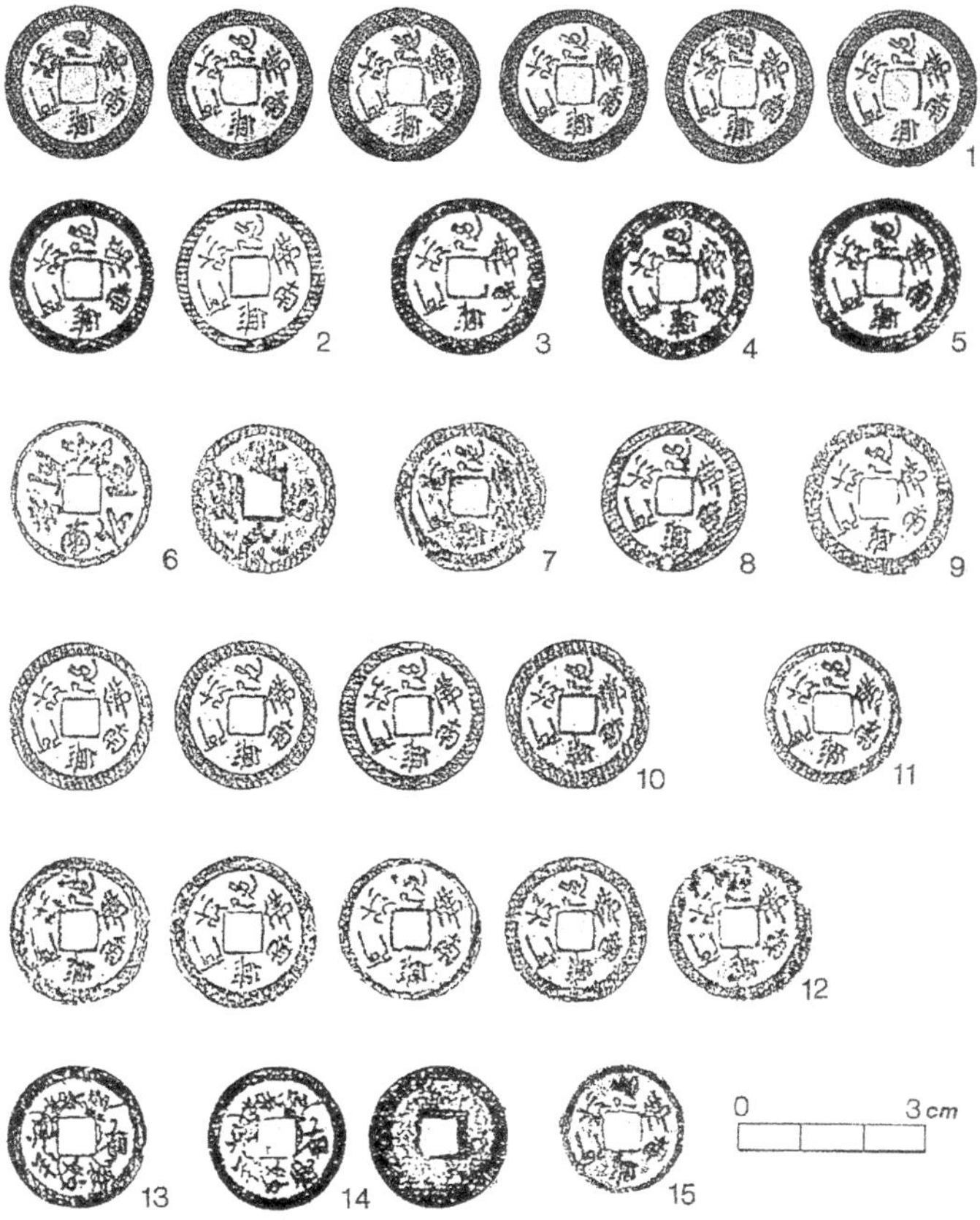

1 増上寺 BM57号　2 増上寺 BM 1号　3 増上寺 BM14号　4 増上寺 BM264号　5 増上寺 BM177号　6 天徳寺 4 号　7 天徳寺114号　8 天徳寺222号　9 天徳寺261号　10 天徳寺221号　11 天徳寺309号　12 天徳寺310号　13 増上寺AM58号　14 發昌寺195号　15 摂津市勝久寺蔵

図 8　念仏銭と題目銭

寛永通宝を模した銅製の銭形品で、六道銭に代わって使用されたと見られるが、全国から約100例ほどしか発見されておらず、あまり普及しなかったようだ。7は唯一の鉄製念仏銭である（図は前著書より転載）。

有り難い文言があるものでさえ、寛永通宝の代用品として使われなかったということは、やはり六道銭は現に通用する貨幣でなければならないと江戸時代の人々は考えていたのだろう。貨幣にはある種の呪術的な力があると信じられており、奈良時代には五重塔の芯礎《しんそ》（五重塔の中心をなす柱の根元）などに銭が納められた例がある。しかし、これも当時の流通銭貨そのものが納められているのであって、やはり実際に通用する貨幣であることが重要な要件だったようだ。その意味で、六道銭はまさに「げんなま」こそが閻魔大王に通用する銭だったのであり、南無阿弥陀仏や南無妙法蓮華経などの有り難味のある文句だけでは通用しなかったようである。

六道銭の考現学

六道銭の習俗は江戸時代のものだと思っている人はけっこういる。現にあるときまでは筆者もそう考えていた。しかし、寺院などで実際に六道銭を売っているのを知ったり、ゼミの学生の一人が話してくれたことから、郷里で親族の葬式に六道銭が使われたことを知るに及んで、この習俗が今日の埋葬においても生きつづけているのを知って驚いた。その学生は三重県の出身で、祖父の葬儀のとき、金属でできた寛永通宝の形をした六道銭を納棺の際に入れたという。なぜそれを覚えているかというと、その代金がけっこう高かったからだというのである。

この話から、今日でも寛永通宝の形をした銭形品が存在するのを知り、なんとか手に入れたいと思っていたところ、六道銭の調査で赴いた九州の筑紫野《ちくしの》市で、なんと教育委員会の方がそれを持っているのにめぐり合った。それが図7の7に示した鉄製の寛永通宝六枚である。これはきちんとしたボール紙製の箱に入っていて、「南都極楽六文銭」という名称で売られているのである。ふつうの寛永通宝よりも一回り大きく、厚さも数倍あるもので、持つとずしりとした重みを感じる。裏は青海波《せいがいは》に似た文様と「極楽」という文字が鋳出されている。その形や大きさからみて、一文通用の寛永通宝ではなく、江戸時代後期になって発行された四文通用の寛永通宝波銭を模したものとわかる。

この銭形品が「南都」という商標を持っているので、おそらく奈良あたりで作られているものと考えられるが、その製作・販売についてはまだ詳しくわからない。そうこうしているうちに、何人かの学生諸君が、旅行で立ち寄った寺院で売っていましたと、いくつかの六道銭をお土産に買ってきてくれるようになった。これら寺院で売っている六道銭には二種類あって、一つは京都の清水寺で売っているもので、ボール紙に寛永通宝を印刷し、六枚を紙の頭陀袋《ずだぶくろ》にいれ、そのご利益の説明をつけている。なぜボール紙製かというと、金属製だと火葬場の窯《かま》を傷めてしまうからだというのである。もう一つの六道銭は秩父やその他霊場めぐりの寺々で販売しているもので、江戸時代の本物の寛永銅銭六枚を紫の細紐などで束ね、袱紗《ふくさ》などでくるんでいる。もちろんこれが極楽往生を約束するものだという由来も書かれている。

一〇円玉の六道銭

そのうちに事態はもっと現実的になってきた。それは実際に一〇円玉の六道銭を掘ったことがあるという話を聞かされたのである。筆者の同僚の一人が、東京都文化財センターに在職中に、東京の郊外で墓地の移転に立ち会ったとき、江戸時代の墓とともに、ごく最近に埋葬された墓の調査をすることになった。そのとき一〇円玉が六枚発見されたというのである。一〇円硬貨は昭和二十六年（一九五一）に鋳造が開始された貨幣で、初期のものには縁にギザがあった。少なくともこの墓は戦後の墓であることは確実で、遺族の方が改葬をされたという話であった。

今日われわれは、過去から連続している社会や文化の側面には、あまり注意を払わないことが多い。六道銭についても気がついてみれば、多くの地域でいまだに人々の習俗として実践されているものだったのである。過去と現在は独立しているのではなく、人々の行為や考え方のなかで連続している。現在のなかに過去があり、過去のなかに現在を発見することから、今日のわれわれの有り様が、新しい視角でとらえられるのではないだろうか。

良い死後の世界にありたいと願う人々の心は、その表現のされ方こそ異なれ、江戸時代も現代も変わることなく抱かれつづけているのである。

中世備蓄銭の考古学

すべてこの世は銭次第

中世の大量出土銭

中世と銭

近世の出土六道銭《ろくどうせん》を調べた結果、十七世紀から十八世紀にかけての近世銭貨流通について、興味ある事実を知ることができたが、そうなると歴史研究の当然の成り行きとして、近世以前の銭貨流通とはどのようなものだったのかが気になりだした。六道銭のなかには、すでに紹介したように、中世に渡来した中国銭のみからなる六道銭もかなりの数で発見されていた。また中世においては、古代や近世と異なり、日本独自の銭貨を発行することなく、中国から大量の銭貨を輸入して使用していた。このこと自体日本の貨幣流通の歴史を考えるさいには重要な問題なのだが、それ以上に興味を持ったのは、そうした中国渡来銭の使用から、いかにして近世の金銀銅の三貨体制へと貨幣の使用が連続していったのかという点だった。

渡来銭から古寛永通宝への流通銭貨の交替を取り上げたときにも説明したように、現に使われている貨幣を別のものに替えていくということは大変なことである。なぜなら、貨幣は取引のメディアとして、価値の基準として、または蓄財の対象として重要な役割を担っていたからである。つまり社会という身体のいわば血液のような形で、その社会の人々のあいだを循環し、さまざまな経済的な機能を発揮していた。これは中世においても、近世においても、また現代においても、その規模は異なっていても変わることはなかった。

貨幣の使用ということはその意味で、とどまることのない活動ということができ、いかなる政治的事件が起ころうとも、その活動自体は連続していくものである。中世が近世となり、戦国大名の支配が徳川幕府の中央集権的統一政権になろうとも、人々が貨幣を用いて財貨を売り買いする日常の活動自体は、かわることなく連続していたはずである。そのような観点から、中世の銭貨がどのようにして新しい近世の貨幣体系に連続していったのかということが、知りたくなってきたのである。

大量出土銭

中世の後半から近世にかけては、考古学資料として出土六道銭という大量の銭貨が存在するが、それより古い時代になると、また別な形の出土銭貨資料が存在する。それは甕《かめ》や木箱などに納められた数千枚から数万枚、多いときには数十万枚という大量の銭貨が発見されるのである。この大量出土銭貨は、すでに中世の絵巻物や文献にも記録されており、江戸時代でも知られていた。これらの銭貨には、中国の各時代の王朝が鋳造したさまざまな銭貨が存在している。明治時代になって、中世の銭貨使用を考えるさいの資料として取り上げられたこともあったが、数万枚という大量の出土であることや、工事などでたまたま発見されることが多かったため、あまり十分な研究が加えられないままになっていた。しかしこれらの大量出土銭貨は、中世における貨幣経済の進展を示す証拠として、やがて備蓄銭《びちくせん》という名称でよばれるようになった。

備蓄銭

中世の備蓄銭の発見を報じる史料は、中世自体にある。図9に示したものは、中世における有名な聖《ひじり》として、各地を巡行した一遍上人の行跡を記した『一遍聖絵《いっぺんひじりえ》』とよばれる絵巻物が、鎌倉時代の終わりころに描かれているが、そのなかに大量の銭が出土したときの情景が描かれている。常陸《ひたち》国の屋敷の前から、五〇貫もの大量の銭が出土したと伝えられている。使用人とみられる男女が、鋤《すき》や手で溝とみられる所から銭をつかみ出しており、その屋敷の主人とおぼしき人物と童子とが、その発見を驚き喜んでいるありさまが見られる。これは一遍上人の奇瑞《きずい》を伝える話とみられるが、その

図9　中世で銭を掘り出していた人々

13世紀の末に描かれたと考えられる一遍上人の絵巻である『一遍聖絵』にみられる銭の発掘状況。常陸国の屋敷近くの溝と見られる中から、さし銭状態の銭貨が大量に掘り出され、館の主をはじめ人々が驚き喜んでいる様子がわかる（図は渡政和「絵画資料に見える緡銭表現」出土銭貨研究会　第3回研究大会シンポジウム資料　1996年　より引用）。

出土状態は、銭の孔に紐が通された、いわゆる緡銭《さしぜに》が描かれており、かなり正確な描写ということができる。

若狭国太良荘の出土銭

実際に掘り出した銭の処理をめぐって、掘り出した人と、その土地の所有者などとの間に揉《も》め事があったことも、中世文書に記されている。京都の東寺《とうじ》（教王護国寺《きょうおうごこくじ》）に残る「東寺百合文書《ひゃくごうもんじょ》」のなかに、若狭《わかさ》国太良荘《たらのしょう》（現在の小浜《おばま》市）から発見された銭の処置をめぐる問題が記録されている。

建武二年（一三三五）に東寺領の荘園であった太良荘から、覚秀という人物によって銭二五貫（二万五〇〇〇枚）あまりが掘り出された。これを聞きつけた若狭国の守護と国司が検断（刑事事件の犯人として逮捕・断罪すること）を加えるといううわさが立ったので、驚いた覚秀は領家たる東寺に泣きこみ、その二五貫の銭のうちで二〇貫を太良荘の地頭と領家たる東寺に納め、残りの五貫文は若狭から東寺に出て来て訴えた旅費として免除してほしい。寺に納めたからには、この銭は熊野神宮に捧げられた熊野上分（神物）となるのであるから、自分が守護と国司の検断の対象とならないように取り計らっていただきたい、と願い出た。

東寺側はおおむねこの覚秀の訴えに同情的で、そのような処置が取られたとみられるが、今度はその寺に納められた二〇貫文の銭の配分先をめぐって、東寺の内部で紛糾することになった。このいきさつは中世寺院の内部組織やその権利関係に絡む問題なのでここでは省略するが、注目すべきことは、この掘り出した銭をめぐって、守護・国司（行政）、地頭・領家（東寺・土地所有者）、覚秀（発見者）の三者間でその帰属をめぐって種々の議論があり、出土した銭そのものは、どうやら無主物と考えられていたらしいということである。

実はこの史料が学会に最初に報告されたときには、覚秀がこの銭は「熊野上分」（熊野神宮の神に捧げられたという意味）の銭であると主張し、それゆえに国司の検断の対象にならない神物であると考えられてきた。そしてこのことから、土の中に埋められた銭は神仏のものであり、宗教的・呪術的な埋納物であるとする考えの根拠となっていた。しかし、土屋大輔氏の詳しい分析によって、この銭がもともと熊野上分の神物であったのではなく、覚秀が東寺にその銭を納めた結果、神物であるという主張がなされたことがはっきりした。

東寺と熊野神宮との関係にはいまひとつ不明なところは有るものの、この覚秀の行為は国司の追及を逃れるための窮余の一策であったらしく、守護・国司たちが検断を実行しようとしたのは、その銭が無主のものであり、覚秀がそれを無断で処理しようとした窃盗の罪に当たると考えていたからとみられる。事実、覚秀は実際には二五貫文以上の銭を発見していたらしく、その一部をすでに使ってしまっていたらしいことも文書の内容からは推定されるのである。

埋蔵された大量の銭

これらの絵画資料や文書の伝えるところからみて、中世の中ごろには、いかなる理由かはさておき、大量の銭貨が土中に埋蔵されていて、人々がそれを掘り出す機会があったことがわかる。この状況は今日われわれが出土備蓄銭とよんでいる大量出土銭貨が発見される状態とほとんど変わらない。さらに江戸時代になると、江戸郊外の渋谷村隠田《おんでん》（現在のＪＲ渋谷駅と原宿駅の中間）から大量の銭貨が発見されたが、奉行所に届け出る前に発見者たちの飲み代になってしまったという記録もある。

今日においても、各地から大量の埋蔵銭貨が工事にともなって発見されており、その総出土量は明治以来の推定で、おそらく一〇〇〇万枚をくだらないと思われる。中世の銭がいかなる理由でこれほど大量に埋蔵されたのか、そして誰が埋めたのかをめぐってさまざまな議論がある。次にそれらを紹介したいが、一つだけはっきりさせておきたいのは、日本の中世には、われわれが想像する以上に大量の銭貨が存在し、使われていたという事実である。

何のために銭を埋めたのか

中世の大量埋蔵銭は、誰が、何の目的で埋めたのだろうか。これに対する解釈は大きく分けて現在二つある。一つは呪術的・宗教的な埋納物であるという考えで、いま一つはなんらかの財産保全のために埋蔵されたというものである。呪術的・宗教的な機能を持っていたとする人々は、これらの出土銭貨に対して「埋納銭《まいのうせん》」という言葉を用いることが多い。それに対して、なんらかの財産の保全として埋蔵したと考える人々は「備蓄銭《びちくせん》」という言葉を使う。この備蓄銭という言葉は、明治以来の大量出土銭を研究してきた人々の間で慣用的に用いられてきた言葉でもある。「埋納銭」「備蓄銭」という用語は、そのままそれらの出土銭貨の性格をあらわす用語でもあるので、むしろ中立的な立場で、これらの銭貨を「大量出土銭」とか単に「埋蔵銭」とよぶ人々もいる。筆者の立場は中世の大量出土銭貨は「備蓄銭」としての性格をもつものが多かったと考えているが、呪術的・宗教的な「埋納銭」がまったく存在しなかったとは考えていない。以下にそれぞれの主張するところを紹介するとともに、筆者の見解を述べることにしよう。

埋納銭

まず埋納銭と考える人々の根拠は、先に紹介した「東寺百合文書」に出てくる、土中から発見された銭貨は神仏のものであって、人々が勝手に処分してはいけないものだという考え方にもとづいている。中世においては、土に埋めるという行為は呪術的な行為であって、土地の神を祭ったり、その土地の開発を願ったりするときに捧げられた供物としての性格があるというのである。確かに、人里離れた僻地のような所から大量の埋蔵銭が発見されることはかなり知られていて、そのような発見のされ方が、「埋納銭」としての性格を示すものだという考えである。

この考え方については、すでに先に詳しく述べておいたように、そもそもその論拠とされた「東寺百合文書」の理解そのものが成り立たないことが明らかなので、土に埋めることによってただちにその銭貨が呪術的・宗教的性格を獲得することにはならない。また、人里離れた場所から発見されることだけでは、その銭貨が土地の開発を祈願して捧げられたということはできない。もともと財産の隠匿という行為自体が隠密性を必要とする行為だからである。

「埋納銭」論者のなかには、本来貨幣というものは人々の間に流通してこそ、その役割を果たせるのにもかかわらず、人知れず埋蔵されてしまったということは、そうした貨幣のもつ機能を喪失し死蔵されたものだ、したがってこれらはなんらかの宗教的・呪術的意味合いがあったとみるべきだとする主張がある。しかし、これも貨幣の機能を誤解した考えといわねばならない。貨幣は確かに人々の間に流通していくものだが、財産としての役割もあるし、あるまとまった額が必要となり、そのために一時的に貨幣を貯蔵することもある。つまり貨幣とは流通と蓄蔵という両極のあいだを行き来するものなのだ。

難しい埋納品の再発掘

それならば、なぜ埋蔵した銭貨が再び使われることなく今日まで土中に残っていたのか、貨幣の役割が失われたからこそ、あらためて掘り出して使われなかったのではないかと「埋納銭」論者は主張する。けれども、今日までそのまま放置されたことは事実としても、それはその銭貨を埋めた人が本来望んでいた状況だったのか否かは検討する必要がある。再び掘り出したくても掘り出せなかった状況というものも考えておくべきである。この点に関しては江戸時代の面白い逸話がある。

江戸時代の佐渡金山奉行所では、金銀の精錬に必要となる鉛を購入していたのだが、鉛の安いときに大量に購入しておき、利用することを考えていた。その鉛は大きな小判のような形をした一個が四〇瓩くらいあるインゴット（鋳塊）で、土の中に埋めて保存していた。なぜ土の中にしまっておいたかというと、おそらく屋内に貯蔵しておくと、火事などで融けてしまい失われることを考慮したのだろう。

ところが、いざその鉛が必要となったとき、実は再び掘り出せなかったのである。前任の奉行に埋めた場所を尋ねたりして、苦心惨憺したらしい。しかしそれでもついに掘り出せなかった鉛のインゴットが、最近の佐渡奉行所跡の発掘調査でなんと一七二枚、約七トンほどが、ごっそりと出てきたのである。これは畑や個人の屋敷地の話ではない。れっきとした佐渡金山奉行所の敷地のなかで発生した出来事である。このことから、土の中に埋めたものを再度掘り出すという行為が、けっして容易なことではなかったことがわかる。目印にしていた木や石が、その後なくなってしまい、似たような地形だと場所の特定に誤りが起こることはしばしばある。埋められた銭貨が今日まで放置された理由には、さまざまなものがあったに違いない。

土にものを埋める心理

今日でも銀行の現金自動支払機の前にいるとき、他人にのぞきこまれようとするのを避けようとする人は多い。自分の財産を人に知られたくないというのはいたって自然なことで、中世の人々も、自分の財産である銭貨を貯えておこうと考えたとき、人に知られないようにしまうのは当たり前だったはずだ。中世には銀行のような信用のある財産の預かり手はなかったし、家の中にいつ強盗や盗賊が押し入ってくるかもしれない。今日のような警察力がなかった時代には、自分の財産は自分で守るしかなかったはずだ。屋内においておくと、火事による焼失も心配になる。というのでもっとも安全なのは、戦時中のわれわれも行った、土の中に埋めておくことだったのだ。土の中ほど安全性と隠密性が保たれる場所はなかったのである。

埋納銭の事例

大部分の大量出土銭は、以上に述べたような理由で、将来のために財貨として蓄えられたもので、それがなんらかの理由で再び取り出すことができなくなったものだと考えられる。しかしそれだから、大量出土銭のなかに呪術的・宗教的目的のために埋納された銭貨は存在しないと言いきってよいかというと、そうではない。事実、それほど多くはないが、明らかに呪術的な目的のための埋納と考えられる例がある。図10は京都府福知山城の天守閣近くから偶然に発見された甕《かめ》に収められた埋納銭だが、これは明らかに呪術的な目的をもった銭貨の埋納とみられる。

この埋納銭は一〇〇〇枚足らずの銭貨がバラ銭の状態で甕の底に敷かれ、その下に和鏡の鏡の面を上に向けておき、その周囲に竹の先をほぐして作った竹筆が二〇本ほど刺されていた。さらに甕の内側に小刀一本が立てかけられていた。そして甕自体は浅く掘られた穴の中に安置され、甕の口の部分は石塊を積み上げて封印されていた。おそらく城内の建設における地鎮祭のような儀礼に用いられたと考えられる。

この福知山城の例からみて、銭貨が特定の宗教的な目的に用いられた場合も十分に考えなければならない。しかし、それにはその埋蔵銭貨がなんらかの呪術的・宗教的目的に用いられたという状況証拠が必要になる。単に孤立した場所から発見されたという事実だけをもって、大量出土銭の多くが呪術的・宗教的埋納品であると断定することはできない。それぞれの大量出土銭の出土した場所や、その場所の歴史地理を検討することが大切である。

備蓄銭の出土例

今日までに発見されている大量出土銭の出土地を見てみると、中世の港湾都市（広島県草戸《くさど》千軒町《せんげんちょう》遺跡）、寺院の境内ないし近く（鎌倉市浄智寺門前）、神社に付属する門前町（府中市大国魂神社参道近く）、城跡（北海道志海苔館址）、農村における有力者のいたところ（茨城県阿見町）、都市の商業地域の近く（京都市八条三坊）といった、さまざまな地域がある。もちろん周囲に何の歴史的な関連遺跡が存在しないような所からの発見もあるが、意外と人々が集住する場所の近くから発見されている。このように大量出土銭が多数の性格の違う遺跡から発見されているということは、それらの銭を埋めた主体もさまざまであったことを示していると考えねばならない。

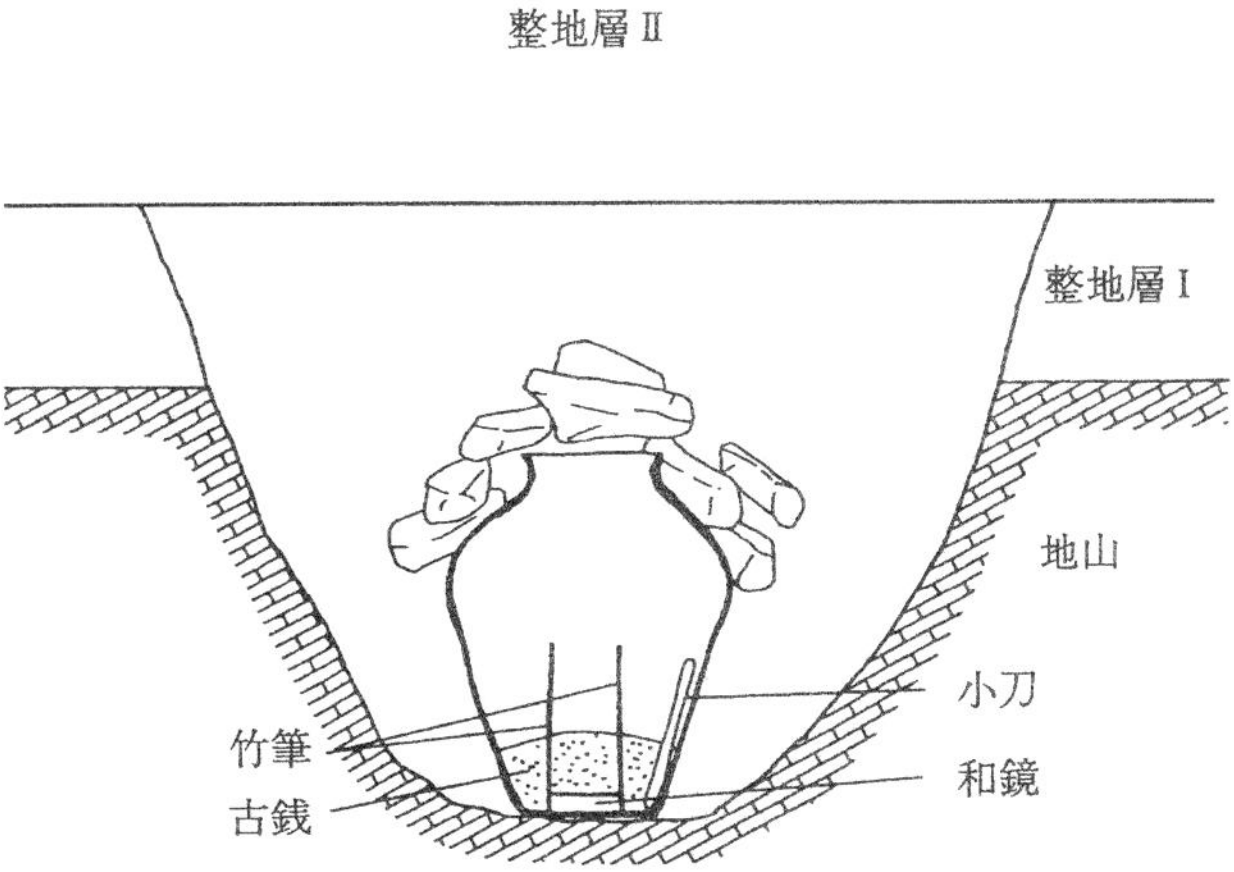

図10　京都府福知山城発見の古銭埋納状況

福知山城の天守閣付近の工事によって発見された。甕の底に和鏡を上に向けておき、その上をばら銭約1000枚ほどで覆っている。さらに20本の竹をほぐして作った竹筆をさし、甕の壁際に小刀を一本たてかけてあった。おそらく地鎮祭に関係する祭祀のためのものと見られる（図は杉原和雄・森島康雄「京都府出土の備蓄古銭」『攝河泉文化資料』42・43号 1993年　より引用）。

京の出土銭

まず、都市のような人口の集中する地域から大量の銭貨が出土している場合についてみると、京都市八条三坊、広島県草戸千軒町などが有名である。八条三坊の場合は、穴を掘りその中に曲げ物のような容器に銭貨が一緡《さし》約九七枚の緡銭状態で、一万四五三五枚と一万六八八〇枚の二つが至近の距離で発見された。曲げ物は壺や甕のような容器に比べそれほど頑丈ではないので、長期にわたって銭貨を収納する目的ではなく、一時的に保存するか、今日の商店における金庫のように、かなり頻繁な銭貨の出し入れがあり、それを保管しておくためにこのような収納方法を採用していた可能性がある。なんらかの事情によって、その持ち主が銭貨を再び取り出すことができなくなってしまったものと考えられる。この付近は中世京都の商業地域で、土倉《どそう》などの金融業者が存在していたことも考慮しておく必要がある。

草戸千軒町遺跡の出土銭

草戸千軒町遺跡の場合は、一つの甕の口辺部分を別の甕でふさぐ、いわゆる合わせ甕の方法で蓋をして、その中に銭貨一万二五九一枚が納められていた。この銭貨も平均九七枚単位で緡銭状態になっていたが、それらの緡銭が一〇本ほど連続して束ねたいわゆる「一貫緡《いっかんざし》」の銭塊にまとめられていたのが注目される。このような大量の銭貨のまとめ方は、口絵に示した『洛中《らくちゅう》洛外《らくがい》図屏風《ずびょうぶ》』など十六世紀末から十七世紀初期の銭屋の店先に描かれている、細縄のようなもので梱包された銭塊と類似するものである。おそらく銭貨の輸送のさいにはこのような形にしていたものと考えられ、中国から大量の銭貨を輸入するときや、国内の商業活動などで銭貨を輸送するときに用いられていたと考えられる。したがって、八条三坊や草戸千軒などの銭貨を埋納した人たちは、金貸しや、商業活動にかかわっていた可能性が高い。土倉とよばれる金融業者、貿易商人、馬借《ばしゃく》などの輸送業者などがその候補として考えられるだろう。

寺院と備蓄銭

寺院の境内やその至近の場所に埋蔵された例には、きわめて大量の銭貨が埋蔵されている場合が多い。たとえば、新潟県湯沢町石白からは、頑丈な長持状の木箱に納められた一六万九八七二枚と一〇万一九一二枚の銭貨が至近の位置から発見された。この場所は中世においては臨済宗の泉福寺の境内に相当すると考えられる。また鎌倉市の臨済宗寺院である浄智寺山門の近くからは、大甕に入れられた約一八万枚の銭貨が出土した。現在の山門のそばであるので、実質的には中世では境内と考えてもよいだろう。さらに、兵庫県宝塚市堂坂からは七つの甕に納められた総計一九万四八二五枚の銭貨が発見されたが、これもその近くに存在した室町時代前期（十四世紀）の寺跡である宝山寺との関係があったと考えられている。

寺院の境内やその近くから大量の銭貨の埋蔵が発見される理由としては、中世における寺院は一種の治外法権的な場所であり、財産の隠匿《いんとく》には安全な場所であったためとも考えられるが、より積極的な理由がある。それは当時の寺院の多くが寺に寄進された供養料その他の喜捨《きしゃ》を、まとめて低利で貸し出すいわゆる寺院金融を行っていたからである。この寺院金融は「祠堂銭《しどうせん》」とよばれ、信者などから永代《えいたい》供養《くよう》のために寄進された銭貨をまとめて、寺院外の対象に低利で貸し出す金融業であった。そしてその利子収入をもって、寺院の経営、とくに信者の永代供養の費用に当てるものだった。

祠堂銭は禅宗寺院とくに臨済宗の寺院から始められ、後には多くの寺院に普及したといわれている。土倉など市中の金融業者の利子よりも低利だったこともあって、十五世紀にはさかんに利用された。臨済宗の寺院においては、寺の組織が教義を司る部局と、寺院経営などを扱う部局とに分かれており、祠堂銭は後者の部局で扱われていた。これからもわかるように、中世寺院はけっして単に仏教の教義を中心にまとまった宗教的組織ではなく、先の東寺の例にも見られたように、荘園などを各地に所有する一つの経済的な経営体として機能していたし、武力を保持し、地域の文化的なセンターとしての機能も持っていた。このような場所から、大量の銭貨が発見されるのも当然のことといえる。

武士と備蓄銭

武士もまた、大量の銭貨を保持しうる人々であった。日本で最大の銭貨出土量を誇る、北海道函館市志海苔《しのり》出土（現在の函館空港の近く）の複数の甕に収められた三〇万七四四六枚の銭貨は、その近くに存在する中世の館《やかた》跡「志海《しの》苔館《りだて》」に関連するものと考えられている。なぜ武士がこのような大量の銭貨を保有できたのかを疑問に思うかもしれないが、この志海苔という所は、中世における和人の最北端の前線拠点であり、その北側に存在したアイヌ民族（日本側は蝦夷《えぞ》とよんでいた）と向き合いつつ、交易を行っていたのである。いわば中世における北方交易の最北端の拠点だったのである。そのような場所に大量の銭貨が集積されたのも、至極当然といえる。

全国各地の武士も、戦乱に備え銭貨を貯えることに余念がなかった。南北朝のはじめごろ、常陸国の結城に出陣した山内経之という武士は、出陣の合間も自分の本拠地の家族に対して、銭貨の調達についてこまごまとした指示をしている例もあるくらいで、武士も銭貨の保持には苦心をしたのである。また落城にさいして、城に備蓄していた銭貨をとっさの処置として井戸などに投げ込んだとみられる例もある。東京都江戸川区葛西にある葛西城跡の井戸底から、四七七一枚の銭貨が発見されたし、織田信長の攻撃で滅んだ福井県一乗谷にある朝倉氏居館跡からも、井戸底に投げ込まれたとみられる一万六五九四枚の銭貨が発見された。銭貨は当時の軍資金として、多くの武士たちが備蓄していたと考えられ、それらの一部が今日発見される場合も少なくないとみられる。

有徳人と備蓄銭

中世には、在地の有力農民もまた銭貨を保持しうる人々といえる。中世文書にはしばしば「富有人」とか「有徳人《うとくにん》」といった言葉が出てくる。これらの人々は、農民であったり、僧侶であったり、あるいはそれほど身分の高くない地侍のような人物であったり一定はしないが、いずれもそれぞれの土地における有力者であった。寺院などはそうした人々からの喜捨を求めたりする場合が少なくなかったようだ。

茨城県の霞ヶ浦南岸で、土浦市の東にあたる阿見町から、図11のような大甕に入った銭貨一一万六九九六枚が発見されている。ここは霞ヶ浦の湖岸に近い標高約五メートルほどの場所である。現在ではのどかな田園風景のなかに掛馬《かけうま》とよばれる集落が点在している。このような場所から、一〇万枚を超える大量の銭貨が出土する理由を探すのはなかなか難しい。ところが、永享七年（一四三五）に鎌倉府の命令によって作られた、鹿島神宮の修理を行うための課税台帳である「常陸国富有人注文」という文書を見ると、この掛馬村に左衛門五郎という名前の富有人がいたことがわかる。

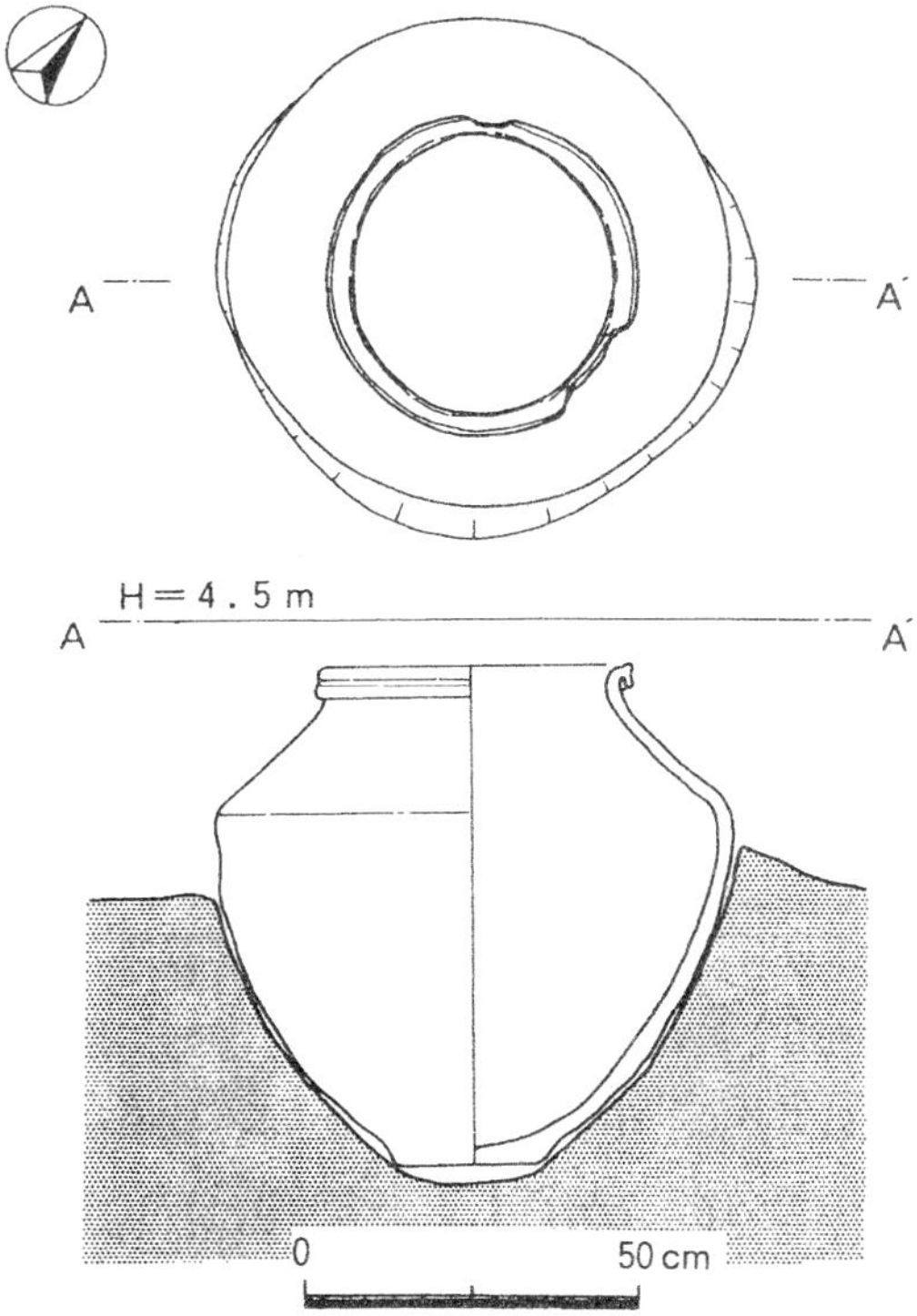

図11　茨城県稲敷郡阿見町掛馬出土銭容器

平成4年6月に新築工事によって発見された。約11万枚の銭貨が納められていたが、ここ掛馬村は霞ヶ浦の南岸の標高5メートルほどの湖岸にある集落で、中世には左衛門五郎と呼ばれる富有人がいたことが、「常陸国富有人注文」によってわかる（図は阿見町教育委員会編『阿見町掛馬備蓄銭調査報告』1994年より引用）。

さらに、掛馬村には霞ヶ浦の内海航路の港である津が近くに存在していた。霞ヶ浦周辺は、鉄道が引かれるようになる明治時代までは、船による交通や輸送が重要だった。おそらくこの左衛門五郎とよばれる人物は、そうした交通の要衝を押さえる在地の有力者だったとみられる。阿見町から出土した約一一万枚の銭貨の所有者が、この左衛門五郎であったというわけではないが、今日のどかな田園地帯にも、中世においてはかなりの資産を有する人物が存在していたのであり、これらの人々が大量の銭貨を貯えていたとしても不思議はない。

農民と備蓄銭

中世の農民じしんも、年貢を銭貨で納める場合があったから、そのための銭貨を貯えておく必要に迫られた場合もあったと見られる。東京都町田市能ヶ谷からは、大きな木桶に収められた約九万枚の銭貨が水道工事で偶然に発見された。場所は小田急線の柿生《かきお》駅の近くで、鶴川街道に面した台地斜面の南側にあたる。ここも近くに中世の寺院や武士の館跡らしいものが存在するが、出土した銭貨とはっきり関連づけられる証拠はない。

一つの可能性として、この能ヶ谷出土銭が当時における能ヶ谷村の農民たちの間で貯えられていた銭だったと考えてみると、その額は村の年貢ないしそれ以上の額に当たるものであったらしい。能ヶ谷の出土銭は含まれている銭貨の内容からみて、十五世紀の前半ごろと考えられる。それより約一世紀ちかく経過すると、この村は小田原の後北条氏の支配する村として記録に現れる。そこで能ヶ谷村の村高を見ると二九貫八五三文とあるので、能ヶ谷出土銭約九万枚は年貢高の約三倍以上に当たることがわかる。能ヶ谷出土銭が中世能ヶ谷村の人々ないしは、村内の有力者によって備蓄されていた可能性も考えられる。

備蓄銭と大甕

　平成十年（一九九八）の四月に、東京都府中市の大国魂《おおくにたま》神社の参道から、わずか二〇メートルと離れない所から、口絵にみられるような二つの愛知県常《とこ》滑《なめ》産の大甕に入った出土銭が発見された。正確な銭貨の量は整理作業が終了していないのでわからないものの、二つの大甕をあわせて約一五万枚ほどになると考えられる。この出土銭で注目されたのは、それぞれの大甕に平石を丸く加工した蓋がかぶせられていたことである。埼玉県秩父産の緑泥片岩で作られた蓋石の一つは、二つに割れていたが、きちんと甕の口を覆っており、その下に銭がぎっしりと詰まっていた。二つの甕は四メートルとは離れておらず、いずれも関東ローム層を一メートルばかり掘り込んで埋設されていたから、ほぼ同じ持ち主によって管理されていた可能性が考えられる。

　この大甕が発見された地域は、ちょうど大国魂神社の門前町にあたる所であり、中世府中の中心地といえる。この地域は府中市教育委員会によって、武蔵国府関連遺跡群として継続的に調査されてきた。その結果を参考にすると、今回発見されたような大甕が他に五ヵ所から出土していることがわかる。いずれも大国魂神社の参道とほど遠からぬ地点から発見されている。この大甕は水がめ、酒、漬物、塩物などの食品の貯蔵にも用いられたと考えられる。銭を入れる容器として最初から考えられていたか否かはわからないが、大国魂神社の門前町のなかにこのような大甕を所有している家がいくつかあったのだろう。

　甕の蓋がかなり重さのある平石で作られていた点も注目すべきで、蓋の開閉にはあまり便利ではなかったと考えられる。木の蓋のほうが開け閉めのとき甕の口をいためずにすんだはずで、事実二つの甕とも口の部分がかなり欠けている。縁の欠けた甕を銭の容器として転用した可能性もあるが、いずれにしてもあまり使い勝手のよい蓋ではなかったようだ。しかも、一つの蓋はなかほどで二つに割れているものをそのまま使いつづけている。そうしてみると、石蓋を使うということは、その重量でしっかりと甕の口を閉ざしておくことに意味があったのかもしれず、この甕が頻繁に開け閉めされていなかったことを示しているのかもしれない。

　この甕の持ち主を特定することは難しいが、いくつかの候補は考えられる。まず、発見された場所からわずか南西の所に、称名寺という寺がある。場合によってはその寺の寺域の隅にあたるかもしれない場所であるので、可能性は大きい。さらに、参道に近く、すぐそばを鎌倉街道、品川道といった当時の主要な交通路が走っており、神社の門前であったことなどを考えると、商品の輸送と販売を行うような運送業者、たとえば馬借のようなものであったことも十分考えられる。

誰が銭を埋めたのか

大量の銭貨をいったい誰が何のために埋めたのか、ということをめぐって、実際の出土例と対比させながら考えてきたが、すでに明らかなように、銭を埋めた人々には、さまざまな階層、身分、職種が考えられ、とても一つに絞り込むことはできない。さらに問題を複雑にしているのは、とっさの事態で銭貨が埋蔵された場合も考えられるからである。たとえばかなりの量の銭貨を輸送中に盗賊などに襲われた場合である。盗賊が銭貨を奪って逃走するときでも、大量の銭貨はかなりの重量になるから、持ったまま逃げるより、適当な場所にいったん埋めて隠しておき、後にそれを掘り返すようなことは十分にありえたであろう。

そしてその盗賊が捕らえられ、銭を再び掘り出す自由を奪われてしまったり、殺害されたりすれば、埋められた銭貨が今日まで日の目を見ないことになってしまう。単独発見の埋蔵銭貨は全国的にかなり存在しており、すべてが以上述べたような事情による埋蔵とはいえないものの、銭貨の埋蔵の背後にどのような事情が存在していたかを簡単に決めつけるのは危険であることが理解できるだろう。いずれにせよはっきりとしているのは、中世において銭貨がすでに貨幣として重要な役割を演じていたからこそ、多くの人々がさまざまな目的のために銭貨を貯えておく必要があったことであり、それを埋蔵銭の事実が示している。このことから、筆者は多くの埋蔵銭貨は、主として経済的な理由による銭貨の隠匿、備蓄、財産の保全などを目的としていたと考え、これらの銭貨を総称して備蓄銭とよぶことにしている。

備蓄銭の考古学

備蓄銭の総出土量

これまでに全国から発見され、その内容が報告されている備蓄銭の総量がどのくらいあるかを集計してみると、二七五例知られており、その合計銭貨枚数は三五二万九〇二〇枚となる。これを集計した時点は平成十年（一九九八）で、その後もかなりの発見例があるので、全体ではもっと多いとみてよい。このなかには、すでに紹介したような中世において出土が記録されているものなどは含まれていない。

出土銭の情報を求めて各地を訪れると、多くの場合資料として今日残っていないけれども、大量の銭が以前に出土して、人々に配ったり、戦争中の金属献納で供出してしまったりした例などがあることがわかる。ある寺の住職の話では、子供のころ境内から備蓄銭が発見され、寺に置いてあったのだが、子供のころ捕り物遊びをしていて、銭形平次の真似をしてほとんどどこかに飛ばして無くしてしまったことがあったそうだ。

　出土したことはわかるのだが、その内容を今日知りえない備蓄銭の数は、内容の明確な備蓄銭のおそらく三倍以上あったことが各地の調査結果からわかっている。最近の事例においても、工事などで突然出土した銭貨のなかには、その大部分が散逸してしまった例もある。備蓄銭は銅鐸《どうたく》と同じで、どこに埋蔵されているのか事前に予知することは難しい。水道工事、建設工事、庭の植木の植え替えや家屋の建て替えといった、さまざまな工事にともなって偶然に発見される。そのため十分な調査を経ぬまま、古銭商の手に渡り、散逸してしまった例が多いのである。

　これらの失われてしまった備蓄銭まで含めて考えると、中世の備蓄銭の総出土量は、優に一〇〇〇万枚を超えるものとみられる。当時の銭貨単位として一万貫以上の銭貨が土の中で眠っていたわけである。これを一種の貯金と考えると、実際に世の中に出回っていた銭貨の量は大変な数になるだろう。天竜寺船や勘合貿易の船などが、中国から輸入した銭貨の量は相当なものだったし、日本に向かう途中で遭難し、韓国の木浦《もっぽ》の沖合で一三二三年ごろに沈没した貿易船の積荷には、八〇〇万枚の銭貨が積まれていた。鎌倉時代から室町時代にかけて中国と行き来した貿易船は、公私を含めて相当の数になるはずだから、中世日本にはきわめて大量の中国銭がもたらされ、使用されていたのである。

備蓄銭の中身

中世の日本で使用されていた銭貨には、どのようなものがあったかを調べてみると、表3のようになる。これは先に紹介した二七五例の備蓄銭の内訳だが、もっとも多いのは北宋銭《ほくそうせん》で、次いで明銭《みんせん》、唐銭の順となり、この三者で全体の九三％以上となる。残りの七％弱を、南宋銭以下中国・安南・琉球・李朝など東アジアの諸王朝の銭が占める。このような銭貨量の違いが生じた理由は、おそらくそれぞれの王朝における銭貨鋳造の絶対量の差にもとづくと考えられる。

この表3で注目されるのは、日本の古代律令政権が発行した皇朝十二銭《こうちょうじゅうにせん》と無文銭《むもんせん》である。皇朝十二銭は八三枚存在しているが、全体に占める割合は〇・〇一％にも満たないきわめて僅かな量しかない。これは、古代の銭が中世までのあいだに磨耗して破損したためとも考えられるが、同じ古代に発行された唐の開元通宝は、二五万枚以上存在しており、これは全備蓄銭出土枚数の第五位に相当する出土量である。したがって、皇朝十二銭が中世の備蓄銭にわずかしか存在しないという事実は、中世の輸入銭貨総量に対して、皇朝十二銭の発行量が比較にならないくらい少なかったためとみるべきだろう。

無文銭の約〇・一％、三八八〇枚という存在量も注目される。無文銭とは、ふつう銭には発行された年号とか、縁起の良い吉祥文などが鋳出されるが、無文銭はその名のごとく、まったく何の文字も鋳出されていない無文の銭である。日本の中世で私鋳された質の悪い銭で、最近その鋳型が大阪府堺市の中世遺跡から発見されている。無文銭の量がわずか〇・一％しか存在しないということは、備蓄銭を構成する銭貨が全体として良質であったことを示している。このことから、備蓄銭は中世史料にいうところの精（清）銭に相当すると考えられる。

将来の使用に備えて備蓄していた銭貨と考えれば、これはむしろ当然のことといえるかもしれない。しかし、この表3に示された無文銭の量が、中世で流通していた無文銭の実際の流通量を示すものではないだろう。おそらく流通していた銭貨のなかには、かなり粗悪なものがあったようで、そのために十六世紀になると、撰銭令《えりぜにれい》とよばれる法令が室町幕府や大名から発令されるようになる。中世の銭貨の流通に障害が起こってくる主要な原因の一つは、無文銭や私鋳銭とよばれる粗悪な銭の増加にあったことは確実だからである。

表3　出土備蓄銭の銭種内訳

%	銭種数	銭種	枚数	%
25.00	40	北宋銭	2716609	76.98
4.38	7	明銭	306272	8.68
1.88	3	唐銭	267867	7.59
14.38	23	南宋銭	67948	1.93
1.25	2	金銭	6164	0.17
0.63	1	李朝銭	3993	0.11
1.25	2	元銭	1170	0.03
6.88	11	安南銭	192	0.01
1.88	3	琉球銭	210	0.01
5.63	9	皇朝十二銭	83	0.00
0.63	1	無文銭	3880	0.11
36.25	58	その他	6389	0.18
0.00	0	不明	148243	4.20
100.00	160	合計	3529020	100.00

これまで発見されてきた全備蓄銭275例352万9020枚の銭貨に、どのような種類が多いのかを示したもの。圧倒的に北宋銭が多く、ついで明銭、唐銭が続き、この三者で全体の90パーセント以上を占める。中世における銭貨流通を支えていたのが、北宋銭であったことがよくわかる。また、日本の古代に鋳造された皇朝十二銭は極めて少なく、実質的に中世の銭貨流通に寄与していないことがわかる（表は鈴木公雄『出土銭貨の研究』東京大学出版会　より転載）。

備蓄の開始時期

備蓄銭が中世のいつごろから出現してきたのかという、備蓄銭の開始時期を決定することは、中世の銭貨流通のみならず、中世の経済全体を考えるうえで重要な問題である。これには、備蓄銭に含まれている銭貨のなかで、もっとも新しい鋳造年代をもつ銭貨を利用するが、これらの銭貨を個々の備蓄銭における「最新銭」とよぶ。たとえばある備蓄銭の最新銭が、元《げん》の至大通宝《しだいつうほう》という銭貨であった場合、至大通宝の鋳造年である一三一〇年以前にはこの備蓄銭の年代は遡らないことになる。このような年代の考え方を考古学では「上限年代」とよんでおり、そのような役割を果たす最新銭のことを、これから年代決定銭種とよぶことにする。

表4は備蓄銭の時期決定に有効と考えられる最新銭、すなわち年代決定銭種の一覧を示したものである。これらのなかには、明の永楽《えいらく》通宝や洪武《こうぶ》通宝のように、出土備蓄銭のなかでかなりの存在量を示す銭貨も存在するが、他の多くは全出土量の〇・一%にも満たない。たとえば先ほどの至大通宝はわずか〇・〇三%しかない。これは一つの備蓄銭当たりで考えると、一万枚に三枚存在する程度の量にすぎない。したがって備蓄銭の研究においては、数万枚という大量の銭貨を正しく分類し、そのなかにあるきわめてわずかな年代決定銭種をきちんと同定するという作業が重要になる。

表４　出土備蓄銭の年代決定銭種一覧（98/3/7）

王　朝	初鋳年	銭　種	存在量(枚数)	存在量(%)	時期決定
南　宋	1253	皇宋元宝	3391	0.09609	1期
南　宋	1260	景定元宝	3590	0.10173	1期
南　宋	1266	咸淳元宝	3586	0.10161	1期
元	1310	至大通宝	1042	0.02953	2期
元	1351	至正通宝	128	0.00363	3期
漢陳友諒	1360	天定通宝	22	0.00062	3期
明	1361	大中通宝	1157	0.03279	3期
漢陳友諒	1361	大義通宝	9	0.00026	3期
明	1368	洪武通宝	87683	2.48463	3期
安　南	1403	咸元通宝	5	0.00014	4期
明	1408	永楽通宝	211151	5.98328	4期
李　朝	1423	朝鮮通宝	3993	0.11315	5期
明	1433	宣徳通宝	6242	0.17688	6期
安　南	1443	大和通宝	19	0.00054	7期
安　南	1453	延寧通宝	12	0.00034	7期
琉　球	1457	大世通宝	87	0.00247	7期
琉　球	1461	世高通宝	122	0.00346	7期
安　南	1470	洪徳通宝	48	0.00136	8期
安　南	1470	光順通宝	19	0.00054	8期
琉　球	1470	金円世宝	1	0.00003	8期
安　南	1498	景統通宝	2	0.00006	8期
明	1503	弘治通宝	36	0.00102	8期
安　南	1509	洪順通宝	6	0.00017	8期
明	1522	嘉靖通宝	2	0.00006	8期
安　南	1530	大正通宝	1	0.00003	8期
安　南	1541	広和通宝	1	0.00003	8期
			322355	9.13441	

個々の備蓄銭に含まれる銭種のうちで、最も鋳造年代の新しい銭貨は、その備蓄銭の上限年代を示す。そのような最新銭を備蓄銭の年代決定銭種と呼び、それらがどのような種類の銭貨かを示したもの。これにより備蓄銭の時期を１～８期に区分することが可能となる（表は前著書より転載）。

この年代決定銭種を用いることにより、中世の備蓄銭はおおよそ八期に区分でき、もっとも古い一期は南宋の末に鋳造された咸淳《かんじゅん》元宝《げんぽう》などであることから、十三世紀の後半に求められ、もっとも新しい八期は十六世紀の中ごろの鋳造である安南《あんなん》銭や、慶長年間に鋳造されたとする慶長通宝がともなう場合があることから、十六世紀の第四・四半期から十七世紀の初頭にかけて、つまり中世の終末にあたる戦国時代から織豊期にいたる期間と考えられる。

備蓄銭の時期区分

表5は一期から八期までの備蓄銭の時期と、中世の実年代とを相関させたものである。一期は最新銭となる南宋銭が十三世紀の後半の年代をもつので、日本における大量の銭貨を埋蔵する風習が、十三世紀の第四・四半期から十四世紀第一・四半期にかけて発生したことを示している。さらに次の二期の備蓄銭については、新安海底沖の沈没船から発見された約八〇〇万枚の銭貨の最新銭である至大通宝と一致しており、至大通宝の初鋳年、元の至大三年（一三一〇）と、沈没船から発見された木簡に元の至治三年（一三二三）の年号が記されている点がよく一致しているので、二期の実年代が十四世紀の第二・四半期から第三・四半期にかけての期間にあたると考えられる。

表5　備蓄銭の時期と実年代との相関

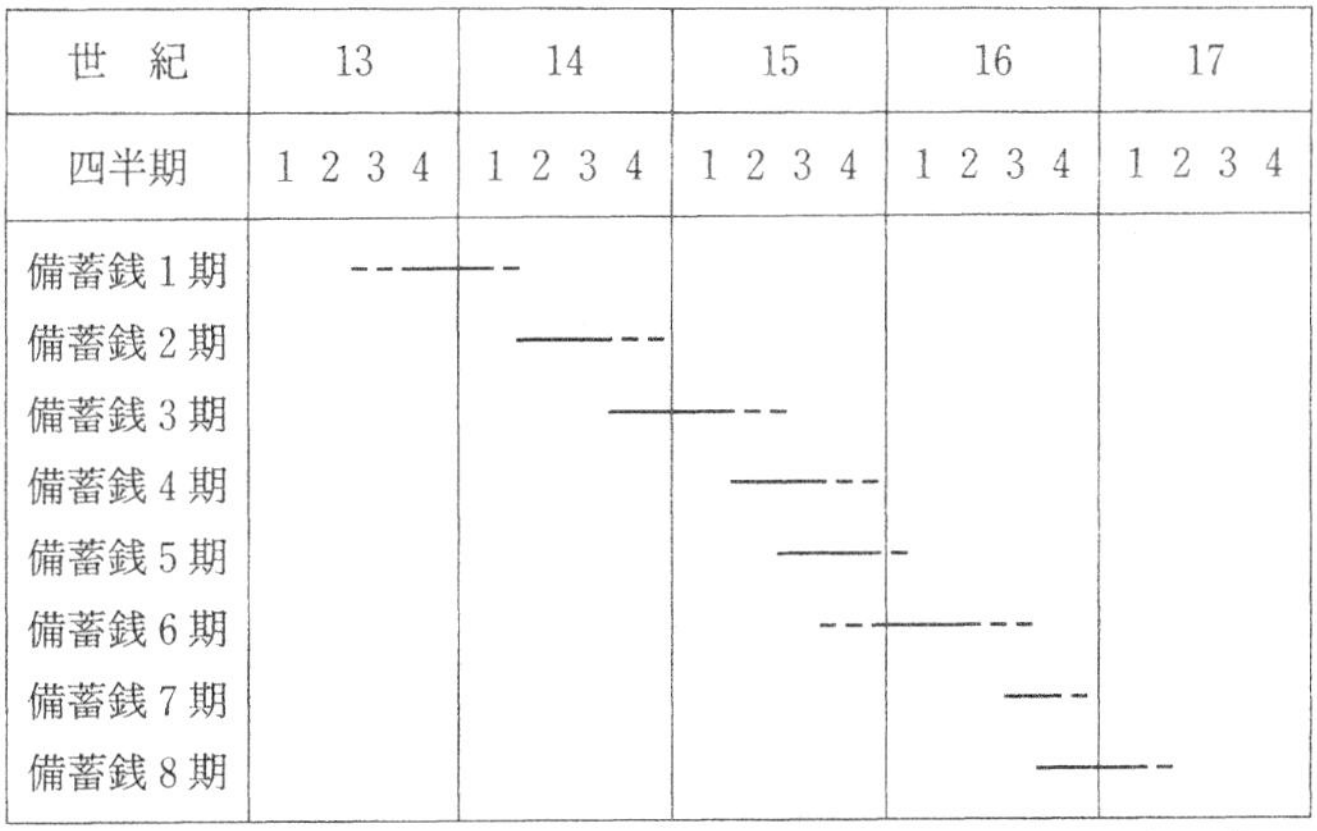

最新銭によって区分された1～8期の時期が、実年代とどのように結び付けられるかを示したもの。いくつかの備蓄銭に認められる実年代の手がかりを参考に作成した。今後新しい実年代の手がかりが得られれば、この関係は若干の訂正が必要になる場合もあるだろう。

三期の備蓄銭は明の洪武通宝を最新銭とするものが多く、この銭の初鋳年、明の洪武元年（一三六八）と先の二期の実年代とからみて、十四世紀の第四・四半期から十五世紀の第一・四半期に相当するとみられる。四期の備蓄銭の最新銭は明の永楽通宝がもっとも多く、この初鋳年、永楽六年（一四〇八）からみて、十五世紀の第二・四半期から第三・四半期にかけてとみられる。五期の備蓄銭の最新銭は李朝の鋳造した朝鮮通宝（一四二三年初鋳）であるので、これを参考にすれば十五世紀の第三・四半期から第四・四半期にかけてと考えられる。六期の備蓄銭は明の宣徳通宝を最新銭としており、この初鋳年、宣徳八年（一四三三）と先の五期の実年代とを参考にして、十五世紀の第四・四半期から十六世紀の第二・四半期にかけての年代を割り当てることができる。

七期の備蓄銭の最新銭は明銭の輸入が途絶え、日本への銭貨の輸入が著しく減少した時期にあたるが、安南銭、琉球銭などがわずかにともなう。そのうちで大世通宝、世高通宝という琉球銭がともなう例が多く、この初鋳年である明の天順元年（一四五七）と同五年と、先の六期の実年代より後の年代を与えるとすると、十六世紀の第三・四半期ころに相当すると考えられる。最終末の八期の備蓄銭は、明の弘治通宝（一五〇三年初鋳）、安南の洪順通宝（一五〇九年初鋳）をともなうものが多い。また八期の備蓄銭と一致する内容をもつ、一乗谷朝倉氏居館跡内の井戸底からの出土銭貨は、織田信長・徳川家康連合軍の越前攻略による落城（天正元年＝〔一五七三〕）にさいして投棄されたものと考えられることから、八期の備蓄銭の実年代は十六世紀の第四・四半期に求められる。

各時期における出土銭の量

一期から八期までの備蓄銭がどの程度の量で発見されているのかを、一〇〇〇枚以上の出土量をもつもの二一七例を取り上げ、その総銭貨枚数三四九万五〇七一枚について棒グラフの形で示したものが図12、13である。まず図12は、一期から八期までの各時期において、どの程度の銭貨量が存在するかを

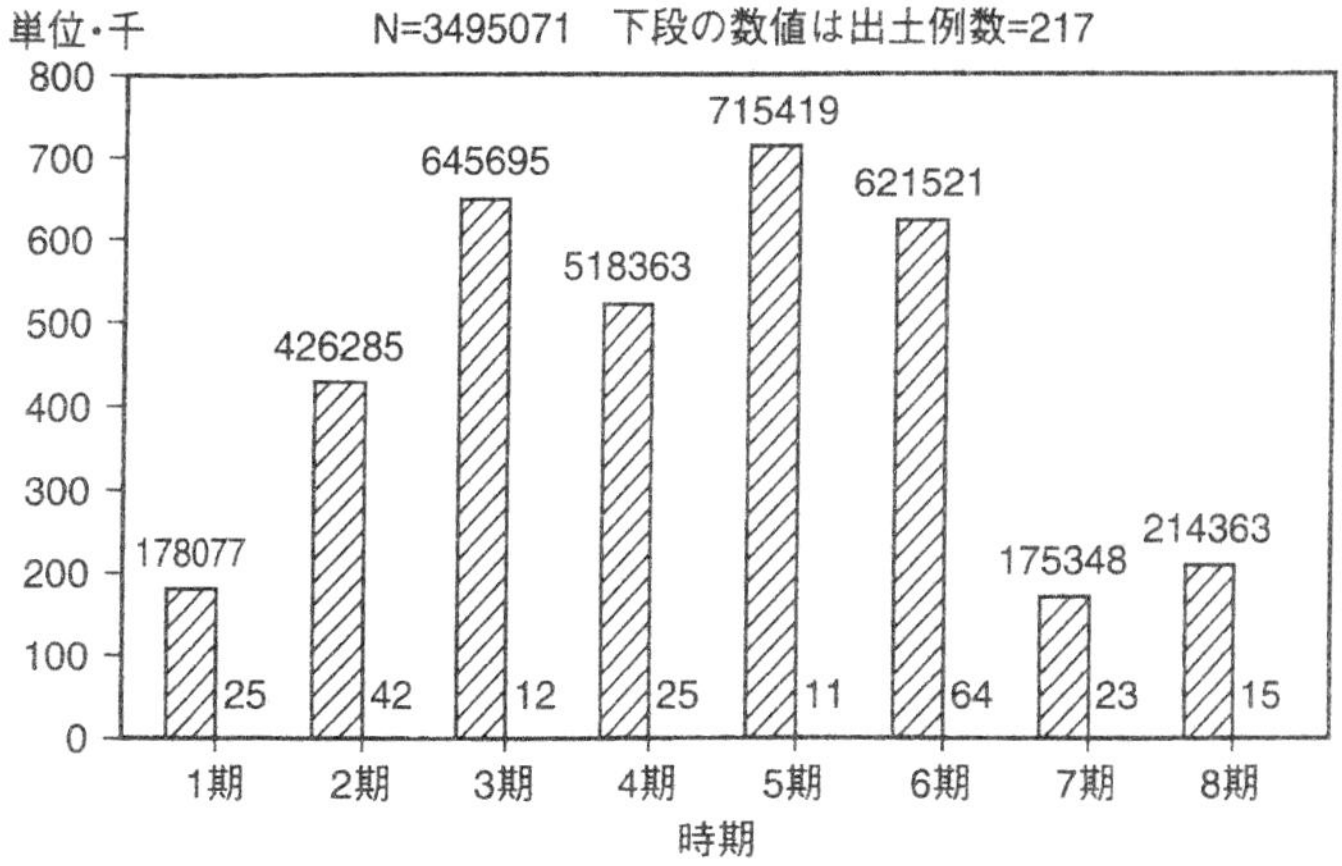

図12　出土備蓄銭時期別の銭貨総枚数の変遷

全国から出土した1000枚以上の規模を持つ備蓄銭217例349万5071枚の銭貨について、最新銭により1～8期に区分し、各時期ごとに銭貨量の変化を求めたもの。3期～6期までが銭貨量が多く、中世における銭貨流通のピークであったこと、7期、8期は急激に銭貨量が減少し、銭貨流通が衰退していったことがわかる。(図は鈴木公雄『出土銭貨の研究』東京大学出版会　より転載)

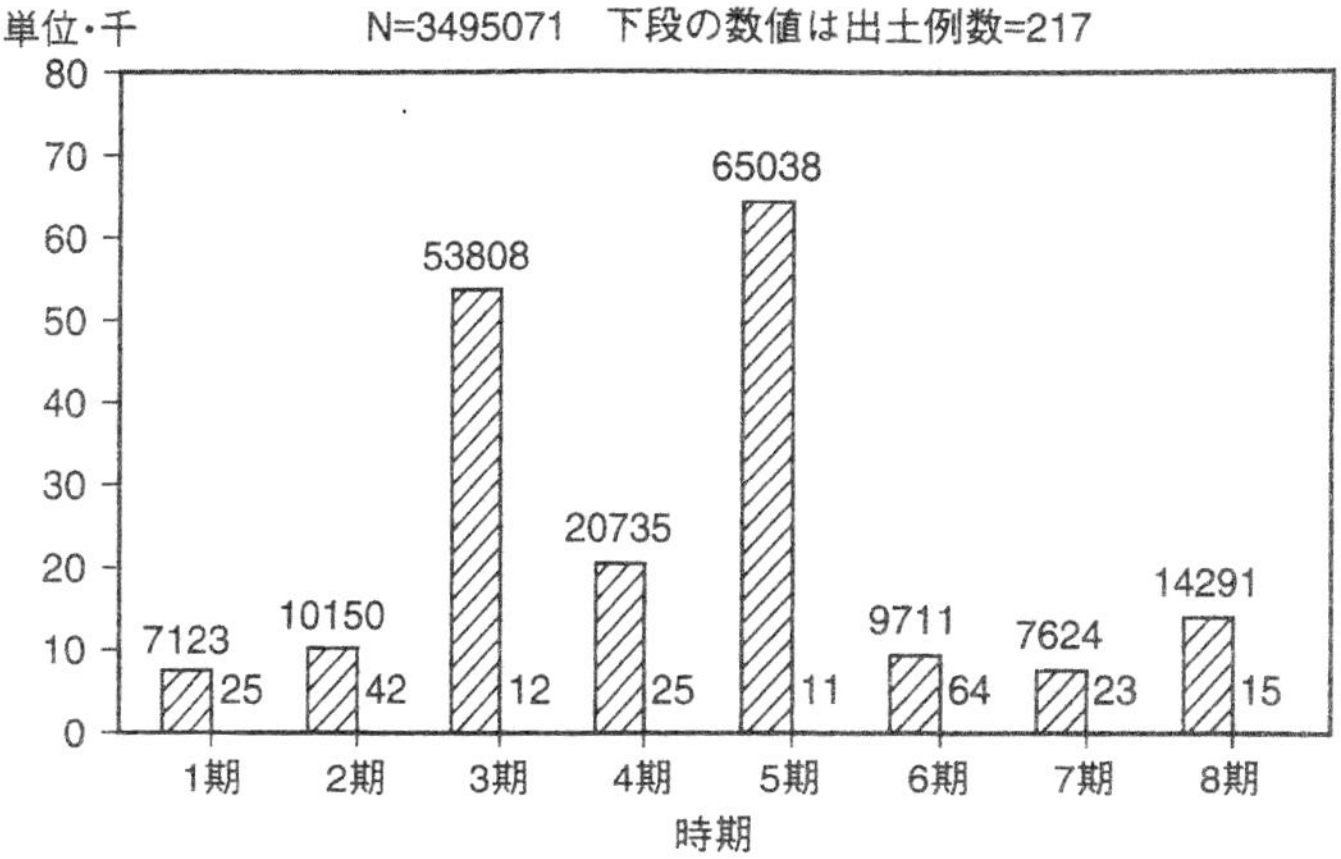

図13　出土備蓄銭各時期一例当たりの平均銭貨量の比較

個々の備蓄銭に含まれる銭貨の量が、時期ごとにどのような変化を示すかを見ると、3期～5期までが2万～6万と異常に多く、それ以外の時期は平均約1万枚程度であることがわかる。3期～5期が他の時期とは異なり、大量の銭貨を備蓄していたことがわかる（同上）。

示したものである。各棒グラフの上にある数字は銭貨の枚数、右下にある数字は備蓄銭の例数を示す。たとえば一期においては、備蓄銭の総枚数は一七万八〇七七枚で、それは二五例の備蓄銭の合計であることがわかる。

このグラフを見ると、一期から二期、三期へとしだいに銭貨総量が増加していることがわかる。そして、三期から六期までの銭貨出土量が五〇万枚以上となり、七期、八期はそれぞれ約一七万枚、二一万枚と急激に減少している。これからみて、備蓄銭がもっともさかんに行われたのは三期〜六期の期間であったことがわかる。すなわち、中世において銭貨の備蓄がさかんに行われたのはほぼ十五世紀から十六世紀の前半にいたる約一五〇年間であったことがわかる。中世における銭貨流通がもっともさかんに行われていた時期と考えられる。

図13（グラフ）は、各時期の備蓄銭が、個々の備蓄銭当たりどのくらいの銭貨量をもっていたかを平均値で示したものである。つまり、一期の備蓄銭の銭貨量一七万八〇七七枚を二五例の備蓄銭の数で割ったものである。これを見ると、一期の備蓄銭の平均枚数は七一二三枚、二期は一万一五〇枚というように示される。このグラフで注目されるのは、一期、二期、六期、七期、八期はほぼ七〇〇〇枚から一万四〇〇〇枚くらいの範囲にあり、

大きな変動はない。これに対して、三期の平均枚数は約五万三〇〇〇枚、四期は約二万枚、五期は約六万五〇〇〇枚と桁外れに多い。つまり三期から五期までの備蓄銭の平均銭貨枚数は、それ以外の時期に比べて圧倒的に銭貨量が多いということがわかる。

さらに、図12と13とを比較すると興味ある事実を指摘できる。まず六期の備蓄銭に注目していただきたい。六期の備蓄銭は図12では六四例の備蓄銭がありその銭貨総枚数は六二万一五二一枚ある。この量は三期から五期までの量に匹敵する多さである。ところが、図13の個々の備蓄銭当たりの平均出土枚数をみると九七一一枚となり、三期〜五期の備蓄銭に比べきわめて少なく、むしろ一期、二期、七期、八期の数値と一致している。この事実は、六期の備蓄銭は銭貨出土総量においては三期〜五期に匹敵するものの、個々の備蓄銭の規模においては、むしろ一期、二期、七期、八期と同じく一万枚程度の銭貨枚数しかなかったことを示している。

六期の備蓄銭は全国で六四例存在しており、これは各時期における例数としてはもっとも多い。すなわち、備蓄銭の数は増えたが、その規模は縮小したのである。三期〜五期の備蓄銭埋蔵を行った人々は、数は少ないけれども大量の銭貨を保持していた。これに対し、六期の備蓄銭埋蔵を行った人々は、大勢いたけれども、銭貨そのものはせいぜい一万枚平均ぐらいしか持っていなかったのである。つまり、六期においては、備蓄銭を埋蔵すること自体は増加したけれども、その埋蔵主体の経済的規模はむしろ零細化したといえる。別の観点からすれば、備蓄銭の埋蔵という行為が、それ以前に比べ多くの人々に普及した結果とも考えられる。

時期による埋蔵者の違い

この三期〜五期までと、六期の備蓄銭の示す変化は、中世における備蓄銭を埋蔵した主体が変化したことを予想させる。つまり、三期〜五期までの埋蔵者は大量の銭貨を保有する、文字通り富裕な人々であったとみられるが、六期の備蓄銭埋蔵者は、いわゆる小金持ちともいえる人々であって、とても三期〜五期の人々との財力とは比較にならない。したがってこの変化は、単なる銭貨埋蔵量の差という問題ではなく、その埋蔵者じしんが交替していたと考えねばならない。

すなわち、三期〜五期にかけての富裕な人々は、六期においてはもはや銭貨を重要な財産の対象とは見ておらず、別のものを資産の対象として考えはじめた可能性がある。おそらく十六世紀の後半以降各地で開発された鉱山から、大量の銀が出回るようになったことと無関係ではないだろう。というのは、次の七期、八期になると、備蓄銭の例数そのものが急激に減少するからである。これは多くの人々が銭貨のもつ資産価値を信用しなくなってきたことを示すものと考えられる。この六期は実年代で考えると十五世紀末から十六世紀の前半と考えられるが、この時期には流通銭貨の質が問題となり、大名の大内氏や室町幕府による撰銭令が発令されている。六期はまさに銭貨の流通に問題が生じ、銭貨の価値そのものが低下してくる時期にあたっているのである。

中世から近世への変化

七期、八期の備蓄銭において、備蓄銭の例数と個々の備蓄銭当たりの埋蔵銭貨枚数とが、それ以前の時期に比べ激減することは、中世から近世にかけての銭貨流通の変質を物語っている。この時期以降近世になると、銭貨の備蓄という行為はさらに減少する。それに替って近世においては金貨の埋蔵例が知られるようになり、新しい財産保全の対象として金銀貨が登場してくる。銭は引きつづき人々の間で使用されるが、それは小額取引のメディアとして欠かせないものだったからで、資産価値としての地位はもはや失われているとみられる。六期の備蓄銭に見られる変化は、このような中世から近世への銭貨流通の大きな変化のさきがけとなる兆候だったのである。

備蓄銭の銭種構成

出土備蓄銭の内容を細かく検討していくと、一口に中世の銭貨流通と言っても、十五世紀を中心にして、それ以前と以後のあいだにかなりの違いがあることが明らかになってくる。この点は出土備蓄銭の銭種構成を検討することにより、さらに明確になる。表6は中世全期間を通じた備蓄銭の構成銭種を上位から四〇位まで示したものである。これにより、北宋銭が圧倒的に多く、開元通宝（唐銭）、永楽通宝、洪武通宝（いずれも明銭）などが上位に存在していることがわかる。このことから中世の銭貨流通を実質的に担っていたのは、北宋銭であったことがわかる。

図14（グラフ）は同様の順位を一期から八期までの備蓄銭において、上位二〇位までの銭種の量的変化を時期別の変遷に示したものである。各時期とも主要な銭種構成は共通しており、皇宋通宝、元豊通宝、熙寧《きねい》元宝、元祐通宝（以上は北宋銭）、開元通宝（唐銭）などが上位五位から六位までを占め、これは一期〜八期のあいだ変わらない。また下位の銭貨群も天聖元宝以下元符通宝にいたる一三種の銭貨はほとんど量的に変化しない。全体として先の表6で示した傾向と同一であることがわかる。これは中世備蓄銭の構成銭種が時期ごとに均質であったことを示すもので、備蓄銭が中世の基本的な良質通貨の総称である「精（清）銭」に相当するものであることがわかる。

永楽通宝

この上位二〇種のなかで、二種類の銭貨が先の一八種の銭貨とは異なった量的変動を見せる。すなわち先にみた表6の六位にある永楽通宝と、一一位の洪武通宝である。これら二つの明銭は、北宋銭の輸入時期よりも遅れて、洪武通宝は

表6　出土備蓄銭の銭種総順位（上位40位まで）(98/3/7)

順位	銭銘	枚数	%	王朝	初鋳年
● 1	皇宋通宝	395737	11.21	北宋	1039
● 2	元豊通宝	379386	10.85	北宋	1078
● 3	熙寧元宝	301385	8.54	北宋	1068
● 4	元祐通宝	278779	7.90	北宋	1086
● 5	開元通宝	256178	7.26	唐	621
6	永楽通宝	211151	5.98	明	1408
● 7	天聖元宝	157101	4.45	北宋	1023
● 8	紹聖元宝	130663	3.70	北宋	1094
● 9	政和通宝	124189	3.52	北宋	1111
● 10	聖宋元宝	120635	3.42	北宋	1101
● 11	洪武通宝	87683	2.48	明	1368
● 12	祥符元宝	79760	2.26	北宋	1008
13	景徳元宝	71676	2.03	北宋	1004
14	天禧通宝	70320	1.99	北宋	1017
● 15	嘉祐通宝	65031	1.84	北宋	1056
● 16	咸平元宝	54859	1.55	北宋	998
● 17	治平元宝	53850	1.53	北宋	1064
18	祥符通宝	53739	1.52	北宋	1009
19	至道元宝	51349	1.46	北宋	995
● 20	元符通宝	47237	1.34	北宋	1098
● 21	景祐元宝	45949	1.30	北宋	1034
● 22	嘉祐元宝	40078	1.14	北宋	1056
● 23	大観通宝	36772	1.04	北宋	1107
● 24	至和元宝	36079	1.02	北宋	1054
25	淳化元宝	27859	0.79	北宋	990
● 26	太平通宝	27342	0.77	北宋	976
● 27	治平通宝	16110	0.46	北宋	1064
28	淳熙元宝	16036	0.45	南宋	1174
29	明道元宝	15038	0.43	北宋	1023
30	嘉定通宝	11911	0.34	南宋	1208
31	乾元重宝	11687	0.33	唐	759
32	至和通宝	11264	0.32	北宋	1054
33	宋元通宝	11075	0.31	北宋	960
34	宣和通宝	10720	0.30	北宋	1119
35	慶元通宝	6460	0.18	南宋	1195
36	宣徳通宝	6242	0.18	明	1433
37	紹熙元宝	4761	0.13	南宋	1190
38	正隆元宝	4747	0.13	金	1158
39	紹定通宝	4443	0.13	南宋	1228
40	淳祐元宝	4084	0.12	南宋	1241
	41位以下	40640	1.15		
	その他	772	0.02		
	銭銘不詳	148243	4.20		
		3529020	100.00		

出土備蓄銭の銭種のうちで、いかなる銭種が量的に多く存在するかを上位40位まで示した。圧倒的に北宋銭が多く、唐銭1種と明銭2種が上位20位までに存在しているに過ぎない。順位の●は、堺市から発見された模鋳銭鋳型の銭銘と一致するもので、中世の贋金作りが当時多く流通していた銭貨を選んで鋳造していたことがわかる（表は鈴木公雄『出土銭貨の研究』東京大学出版会　より転載）。

三期、永楽通宝は四期より出現する。しかし、これらは図14を見れば明らかなように、五期以降しだいにその存在量を増加させ、とくに永楽通宝は六期以降備蓄銭の構成銭種のなかで第一位となる。

六期以降の備蓄銭で永楽通宝が増加していった理由は、中国から永楽通宝が大量にもたらされたからではない。なぜなら、備蓄銭のなかで永楽通宝が増加していったのは六期以降、すなわち十六世紀以降の出来事だからである。十六世紀以降は中国からの銅銭の輸入が途絶え、安南や琉球の銭、さらには中国の銭を模鋳したり、無文銭を密造したりして銭貨の不足を補っていた時期であった。したがって、この時に永楽通宝が備蓄銭のなかで増加してくるということは、すでに日本に輸入されていた永楽通宝が、とくに備蓄銭のなかに多く取り込まれるようになったことを意味する。事実、表7に示したように永楽通宝が全銭種のなかで圧倒的多数を占める備蓄銭が全国的に出現してくる。

なぜ、永楽通宝が六期以降の備蓄銭で増加してくるのだろうか。それには興味ある記録がある。十六世紀になるとさまざまな戦国大名が「法度」とか「家法」とよばれる自分の領国ないし家臣団を支配するための法律の整備を行うようになる。その一つに、関東の戦国大名である結城《ゆうき》氏が弘治二年（一五五六）に定めた、「結城氏新法度」の第六三条に永

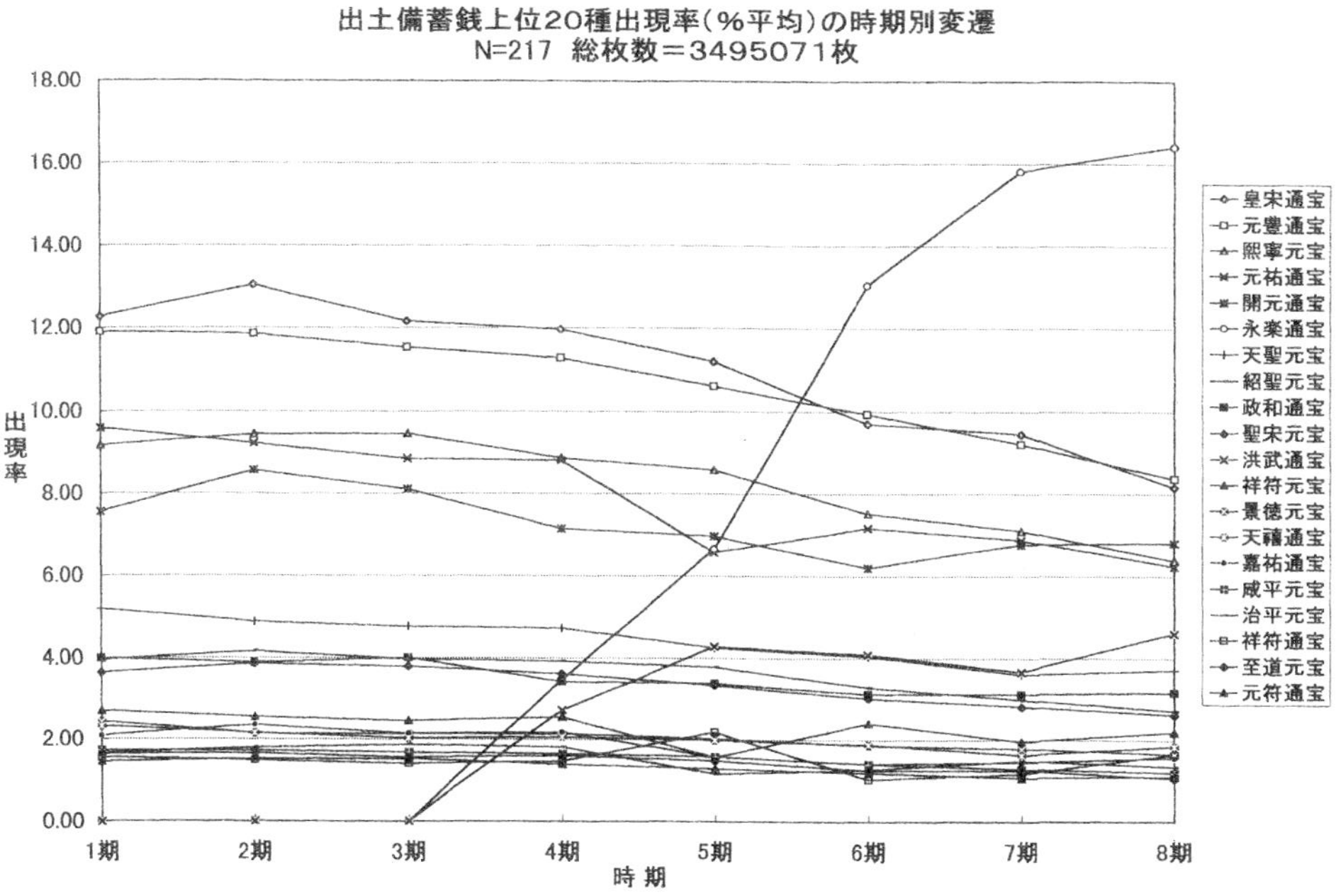

図14　出土備蓄銭上位20種の銭貨の量的変遷

備蓄銭のなかで上位20位までを占める主要な銭種が、時期ごとにどのような量的変化を示しているかを見たもの。多くの銭種は各時期を通じて同じような割合で存在しているが、永楽通宝は6期以降急激に増加している。これは6期以降永楽通宝の評価が高くなり、備蓄銭に多く取り入れられるようになったことを示している（図は前著書より転載）。

楽通宝に関することが記されている。それによると、銭を使うとき、いちいち撰銭をしていては不便だから、永楽銭のみをこれから使ってはどうかという提案に対して、家臣たちは永楽銭だけを使うわけにはいかないだろう、悪い銭をより分けて使うことにして、役人に悪銭をよらせ、それを制札板に打ち付けることにした、ということが述べられている。

ここでは大名側が永楽通宝だけを使いたいという考えでいたのに対して、家臣たちが言うにはそれは無理で、やはり悪い銭を撰んで使うより方法がないと考えていた。そして結局はそのとおりになったのである。なぜ永楽通宝だけを使うことができないと家臣たちが主張したのかというと、表6にも明らかなように、永楽通宝は全備蓄銭のなかで六％弱しか存在していなかったからである。十六世紀という時点で考えても、図14に見られるように、第一位といっても一六％ほどの量しかなかった。これでは社会全体の貨幣需要をまかなうことはできない。実際の中世経済に触れる機会の多かった家臣たちは、このことを経験的に理解していたのである。この記録は、永楽通宝が十六世紀のなかばごろには良質の銭貨として、高い評価を受けていたことを示している点で重要である。

表7　永楽通宝を多数含む備蓄銭

時期	遺跡名	永楽通宝	合計	永楽含有率
8	長崎県　壱岐島郷の浦	3827	4165	91.88
7	東京都　調布市下石原	7560	10027	75.40
6	三重県　久居市榊原町宮出	8588	12619	68.06
7	福岡県　朝倉郡夜須町砥上	3037	4478	67.82
8	群馬県　伊勢崎	7121	14251	49.97
8	埼玉県　浄光寺	712	1828	38.95
8	宮崎県　西臼杵郡鞍岡村清水寺	2793	7720	36.18
8	神奈川県　平塚市上吉沢	2371	6857	34.58
8	千葉県　市原市菊間	844	3269	25.82
6	福岡県　福岡市博多区	868	3883	22.35
		37721	69097	54.59

中世の後半になると永楽通宝を多数含む備蓄銭が現れてくる。これは中世末に永楽通宝が他の銭貨よりも4～7倍の高値で取引されるようになってきたことの反映と考えられる（表は前著書より転載）。

永楽通宝への高い評価

同じような永楽通宝に対する高い評価は、「結城氏新法度」の九年後にあたる伊勢国大湊の入津《にゅうしん》料に関する記録にも現れる。中世において船が港に停泊するときには入津料ないしは関料とよばれる入港税を徴収された。伊勢の大湊では原則として米で徴収されていたが、米の持ち合わせがないときには、銭で払うことになっていた。そして銭の場合には、永楽通宝ならばそのまま一文と計算し、それ以外の銭の場合には、永楽通宝のなんと七分の一にしか換算されなかったのである。永楽通宝以外の銭は「びた」と総称されており、これは江戸時代には「鐚銭《びたせん》」と表されることからもわかるように、粗悪な銭を指す言葉である。

それではなぜ永楽通宝が十六世紀になって高い評価を受けるようになったのだろうか。その理由の一つは永楽通宝自体の特徴のなかにある。出土備蓄銭の調査を行っていると、永楽通宝が含まれている場合はすぐにわかる。それは量が多いからではなく、永楽通宝がきわめてしっかりとした銭貨だからである。しっかりとした銭貨とはなにかというと、銭貨の大きさ（直径）、重さ、厚さなどが均一で、永楽通宝という文字も鮮明に鋳出されているからである。他の多くの銭が擦り切れて文字もあまり鮮明でなくなっていたり、薄っぺらな銭であったりするなかで、永楽通宝はひときわ目立つ存在なのである。

かくして永楽通宝は、中世終末の十六世紀後半になると、もっとも評価の高い銭として用いられるようになる。これは永楽通宝以外の銭貨が中世に輸入されてから三〇〇年近く使われてきた過程で、磨り減ったり傷ついたりして損耗がひどくなってきたことによるものである。悪銭という呼び名がまさにこのことを端的に示している。しかし、中世においては銭貨以外に金属貨幣は存在しなかったのであり、十六世紀の後半にはようやく銀や金などの貴金属が銭貨に替るものとして登場してくるものの、まだ十分普及するだけの条件を備えてはいなかった。そのようななかで人々が考えだしたことは、これまで使ってきた銭のなかで良いものと悪いものとを区別し、それぞれプレミアムをつけて使用するということだった。撰銭令とは、まさにそのような銭貨のランクづけや、それによって生じる取引上の混乱を避けるために大名や幕府が発令したものなのである。

備蓄銭と中世の社会・経済

銭による商取引

中世における銭貨の使用は、出土備蓄銭からみると十三世紀の後半にはほぼ全国的に展開していたことがわかる。これはまた別の史料からも確かめられる。表8は中世における土地取引のときに、いかなる財で決済されたかを示す鎌倉時代の売券についてまとめたものである。決済は十三世紀のなかばまでは布・絹がわずかに用いられるが、米が中心であった。ところが十三世紀の半ば過ぎからは米に代わって銭が主要な決済手段になることがわかる。この十三世紀の中ごろこそ、まさに一期の備蓄銭が全国的に展開する時期に相当している。したがって、十三世紀の半ば以降には、中世の経済は米に代わって銭が主役となるのである。

表８　中世土地売券に見る支払手段の変化

件数			年代	%		
絹・布	米	銭		絹・布	米	銭
5	65	10	1185～	6.25	81.25	12.50
4	44	10	1200～	6.90	75.86	17.24
6	70	29	1210～	5.71	66.67	27.62
5	85	66	1220～	3.21	54.49	42.31
3	106	71	1230～	1.67	58.89	39.44
1	56	42	1240～	1.01	56.57	42.42
	39	68	1250～		36.45	63.55
	53	71	1260～		42.74	57.26
	59	118	1270～		33.33	66.67
	56	119	1280～		32.00	68.00
	43	105	1290～		29.05	70.95
	52	126	1300～		29.21	70.79
	45	135	1310～		25.00	75.00
	20	81	1320～		19.80	80.20

中世において土地の売買がいかなる財で行われていたかを見ると、銭貨が次第に重要な地位を占めてくることがわかる。13世紀のなかばに銭貨による決済が過半数を占めるに至るが、これは出土備蓄銭の本格的展開期（１期）と一致している。ただし、米による決済も全くなくなっていないことが注目される（表は、鎌倉遺文による　松延隆康「銭と貨幣の観念―鎌倉期における貨幣機能の変化について」『列島の文化史』６　1989年、中島圭一「能ヶ谷出土銭の史的位置」『能ヶ谷出土銭調査報告書』町田市教育委員会　1996年を一部改訂、鈴木公雄『出土銭貨の研究』東京大学出版会　より転載）。

銭による土地の決済は十二世紀の終わりごろにすでに全体の一二％ほどを占めているので、中世における銭貨の使用そのものは、十三世紀の半ば以前に遡って考えなくてはならない。出土備蓄銭において十三世紀の半ばよりも遡る年代をもつ例は、現在知られている限り福岡県甘木市真奈板出土の備蓄銭が一例知られているだけである。真奈板出土例の最新銭は南宋が最初に鋳造した建炎通宝（一一二七年）という銭貨なので、その上限年代は十二世紀の第二・四半期ということになる。一期の備蓄銭が多数発見されるようになる十三世紀の中ごろよりも約一世紀以上も古い。おそらくこの期間を中心にして、今後一期よりも遡る備蓄銭が発見される可能性を考えておく必要があるだろう。しかし、全国的な銭貨の使用が普及した時期は、十三世紀の半ばであったとみてよい。

　十四世紀から十五世紀にかけては、中世における銭貨流通がもっとも円滑に行われた時代と考えられるが、これは銭貨が当時におけるもっとも信用のおける財産としての地位を社会から認められたことを示している。これを別の面から物語っているのが、土倉《どそう》や祠堂《しどう》銭《せん》といったいわゆる金融業者の出現と、いわゆる「礼銭」の流行である。金融業が商売として成り立つということは、それだけ銭貨の使用が普及し、社会全体が銭貨を必要とする状況にあったことにほかならない。

礼銭と銭の普及

この点をもっともよく示しているのが礼銭の習慣の大流行である。礼銭とは、さまざまな機会に相手に対して銭貨による贈り物をする行為の総称で、いわば「げんなま」の贈り物である。たとえば、中世においてしばしば起こった訴訟や土地の権利保証を将軍などの権力者に求める場合に、自己に有利な結果を得るべく、関係方面と折衝するためには、礼銭を送るのが常識となっていた。たとえば、東寺が自己の所有する荘園の権利を再確認してもらうため、長禄四年（一四六〇）に室町将軍に送った礼銭は一〇貫文ほどであった。

年の初めに大名たちが将軍に年始として進上する品物（年始御礼進上品）のなかにも、太刀、馬などとともに銭が重要なものとなっていた。文明十七年（一四八五）に山名政豊《やまなまさとよ》が将軍足利義政《あしかがよしまさ》に送った年始御礼進上品は太刀、銭二〇貫文とある。このほか、依頼・申請・挨拶・謝礼・祝賀といったさまざまな機会に銭貨による贈答が行われており、酒を贈る代わりに一献料《いっこんりょう》と称する銭貨が送られたりもしていた。これだけ多くの機会に銭が用いられていたことは、銭貨が人々の間で重要な財として受け取られていたことを示している。中世は今日以上に〝実弾〟の飛び交う社会であったらしい。そうであればなおさら、社会の各階層の人々はこれらの目的のために、日ごろから銭貨を貯えておく必要に迫られたに違いない。十五世紀を中心とする三期、四期、五期の備蓄銭が大量の銭貨を埋蔵する例が多いのも、このような背景が存在していたことと無関係ではなかったのだ。

輸入銭貨の減少と銭の損耗

しかし、十六世紀にはいるとしだいに銭の神通力が薄れてきた。その最大の原因は中国からの継続的な銭貨の輸入が途絶えたことであろう。銭貨は大量に使用されるから、常に一定量の銭貨を社会に供給しつづける必要があった。十五世紀まではそれまで中国にストックされていた宋銭や、新しく鋳造が開始された明銭の輸入によってその需要がある程度満たされていたけれども、十六世紀以降になると銭の鋳造そのものが中国で減少しはじめる。そうなると、これまで使用してきた銭貨をひきつづき使用することになるが、十三世紀の半ばから、すでに二〇〇年以上も経過しており、その間にさまざまな要因によって銭貨の損耗が目立つようになってきた。

六期以降の備蓄銭の調査をしていると、永楽通宝のような良質の明銭と、すでに長い間使用され、損耗の激しくなった宋銭などとの落差が目立ってくる。宋銭の多くは薄くなり、文字も磨り減って読みにくくなっているものが目立ってくる。また、少し縁が欠けた銭、ひびが入った銭、さらには明らかに火災などにあい焼け爛れた痕跡をとどめている銭なども多くなってくる。要するに長い間使いつづけた結果、銭の多くがくたびれてきたのである。

人々がそれらの銭を貯え、取引に使うときには、できるだけ相手には悪い銭を渡し、自分のところには良い銭を残そうとするだろう。今日ではくたびれてよれよれになった紙幣は銀行に持っていけば、文句を言われずに新しい手の切れるような紙幣と取り替えてくれる。火事でお札が焼けてしまっても、その灰がきちんと残っていれば取り替えることができる。しかし中世にはそんな便利な銀行はなかった。だから誰もが悪い銭を押しつけあうことになった。このため取引がなかなか成立せず、物の売り買いが難渋することになってきた。

もちろん、中国から最初に銭貨を大量に輸入しはじめた十三世紀ごろにおいても、その銭はまったくの新品ではなかったから、古いものや破損したものも混じっていたに違いない。しかし、一期～五期までの備蓄銭の銭貨を見ると、全体として良質な銭貨によって占められている。おそらくこの時期ぐらいまでは、継続して銭貨が輸入されていたため、悪い銭があってもそれほど取引上問題を発生させなかったか、実際に取引のさいになんとか処理できていたのだろう。しかし、十六世紀以降になると、そんなことでは済まされなくなってきたのだ。

こうした状況は、庶民の間で商取引の混乱を生むだけでなく、年貢の収納やさまざまな物資の調達を必要とする貴族・武士・僧侶といった階層の人々にも影響を与える。また、庶民も銭の取引が円滑にいかず、時に混乱を生じるようになると、自分たちだけでこの問題を処理することができなくなってくる。こうしたことを背景として、室町幕府や各地の大名が、銭の取引を行うときの法令すなわち撰銭令《えりぜにれい》を発令するようになる。

撰銭令

現在の山口県を根拠地とする大内氏が文明十七年（一四八五）に最初の撰銭令を発令したが、その後十六世紀になると室町幕府が京都を中心に矢継ぎ早に撰銭令を発令する。これらに共通する点は、取引のときに撰んで良い銭と悪い銭を指定し、良い銭と悪い銭との混合比率や、悪い銭と良い銭の間の価格差を定め、絶対に使ってはならない銭はどのような銭か、といったことを明示するものだった。つまり、大名や幕府の権力を後ろ盾にして、銭貨の流通に一定の基準を設けようとするものだった。

撰銭令に示されている、いわゆる悪い銭を見ると、いくつかのグループがあることがわかる。まず、これは流通させてはいけないと使用を禁止されている銭のグループがある。これには「おほかけ」「うちひらめ」「大われ」「おほひびき」といった銭の損傷を示す呼び名が使われているものが多い。欠けて半分になったり、打ち平めたように薄くなったり、大きなひびが入っていたりする銭のことで、これは誰が見ても使用に耐えない銭とわかるものである。

「日本新鋳の料足」

いま一つ使用を厳禁された銭に「日本新鋳の料足《りようそく》」とよばれるものがある。料足とは、銭の別称であるので、日本で新しく鋳造した銭という意味である。日本の中世の政権は、鎌倉幕府も室町幕府も独自の銭貨を鋳造しなかった。建武の中興で鎌倉幕府を倒した建武新政権は、建武元年（一三三四）「乾坤通宝《けんこんつうほう》」とよばれる銭貨と紙幣を発行しようとしたが、これは掛け声だけに終わった。また戦国大名や織豊政権も、実用的な銭貨を鋳造することはついにできなかった。大規模な銭貨の発行は古代の律令政権による富本銭《ふほんせん》や皇朝十二《こうちようじゆうに》銭《せん》以降、徳川幕府による古寛永通宝の発行まで行われなかったのである。

それにもかかわらず、撰銭令に「日本新鋳の料足」と明記されているのは何を指すのだろうか。多くの人々は、中世に横行した「私鋳銭《しちゆうせん》」や「模鋳銭《もちゆうせん》」がこれに当たると考えてきた。私鋳銭という言葉はもともと中国の言葉で、中国では政府発行の銭のことを「制《せい》銭《せん》」とよび、民間が勝手に鋳造した銭を私鋳銭とよんだのである。この考え方に従うと、中世の政権が実際に銭を発行していないのだから、私鋳をすること自体ができないことになる。だから、私鋳銭ではなく、当時流通していた渡来銭を真似て作った模鋳銭とよぶべきだという人も多い。つまり宋銭や明銭を踏み返しのような技法で模鋳した銭と考えるのである。また別の人は、備蓄銭のなかにわずかに存在する「無文銭」を私鋳銭とよぶべきだと考えている。いずれにしても日本で作った贋銭《にせぜに》であることには違いない。

模鋳銭

「日本新鋳の料足」という言葉とほぼ類似した使い方をするものとして、「日本銭」「新銭」「きんせん（今銭のことか）」といった名称が撰銭令のなかに見られるので、十六世紀以降になると、さまざまな贋銭が各地で作られるようになったとみられる。これは中世遺跡の発掘調査の結果からも確かめることができる。京都や堺の中世遺構からは、中国の銭を模して作った鋳型や、無文銭の鋳型が発掘されている。このなかで大量の鋳型が発見された大阪府堺市の遺跡の例をみると、渡来銭のなかで量的に多く存在している銭を撰んで鋳造していることがわかる。

先に示した表6は備蓄銭に見られる銭種の上位四〇位までを示したものだが、そこに●印のつけられている銭は、堺市の遺跡から鋳型が発見された銭である。中世に多く存在していた銭を撰んで鋳造していることがわかる。しかも一種類に限らず、多数の銭種を選んで模鋳している点も見逃せない。このことから、中世の人々が銭をどのようなものと考えていたかがよくわかる。つまり銭というものにはさまざまな種類が混在しているのであり、そうだからこそ、贋銭を作るときもその状況をそっくり模倣したのである。

堺市の模鋳銭鋳型を見ると、無文銭の鋳型の方が多い。してみると堺の贋銭作りたちは、備蓄銭にはあまり存在していなかった無文銭を中心に製作していたと考えられる。この無文銭が中世の銭貨流通にどのような役割を果たしていたのか、まだ十分に明らかにできない点があるが、無文銭が多く発見される地域は青森県、沖縄といった当時の日本における銭貨流通圏の北限と南限に相当することから、粗悪な銭貨が銭貨流通圏の周辺部分にしだいに集積されていったことが考えられる。備蓄銭に無文銭がきわめて少ないのはやはり厳しく選別され、排除されていた結果を示すものだろう。

撰銭令が定めた悪銭比率

撰銭令の今一つの重要な役割は、いくつかの銭を、良い銭と悪い銭にわけ、悪い銭を混ぜる割合などを定め、良い銭と悪い銭の間に打歩《うちぶ》とよばれるプレミアムをつけて流通させようとすることにあった。たとえば小田原後北条氏の撰銭令（天文二十一年（一五五二）、永禄二年、三年、七年（一五五九〜一五六四）では、地悪銭《じあくせん》とよばれる悪い銭を、精（清）銭とよばれた当時の標準的銭貨に約二〇～三〇％ほど混合してよいと規定している。地悪銭がどのような銭だったのかは判然としないが、使用をまったく禁止するほどの損耗した銭ではなく、「地」という言葉が示すように、交易のような広域の取引でなく、狭い地域間の取引において人々が日常的に使用している銭貨を指していると思われる。

銭貨間の打歩（プレミアム）がもっとも煩雑に示されているのは、有名な織田信長の撰銭令である。永禄十二年（一五六九）に発令されたこの撰銭令には、一〇種類の銭貨名が記されているが、そのすべてに打歩がつけられ、最高一〇倍までの価格差が示されていた。この撰銭令は他の中世の撰銭令と異なり、すべての銭貨に打歩をつけて通用させる点に特徴がある。たとえば、これまでの撰銭令ではきびしく使用を禁止されていた「おほかけ」「われ銭」なども打歩をつけて使用させようとした。一〇種類の銭にさまざまな打歩がつけられているわけだから、銭の取引をするさいにそれぞれの銭がどのくらい存在していて、それらに異なった打歩をつけて計算するのだから、その手間は大変だったと思われる。

撰銭の方法

さらに、それぞれの銭がどのような種類にあたるのかという、銭の品定めをめぐって、当事者間で揉《も》め事が起こることも予想される。信長の撰銭令では、すでにその点を予測してか、精（清）銭か悪銭かの判定が下されている場に、取引の当事者が乱入することを厳しく禁じている。この規定は、中世における撰銭がどのような状況で行われていたのか、また大名や幕府が撰銭令という法令を発布する必要性がどのあたりにあったのかを知るうえで、きわめて重要である。

当事者が銭貨の選定現場にいてはいけないということは、撰銭ということが第三者によって行われていたことを示す。つまり銭貨の品質決定にさいしてある種の公平性の確保がはかられていたわけで、それを実施した人たちは、おそらく銭の取引に習熟した金融業者、おそらく銭屋《ぜにや》とか土倉《どそう》といった人々と思われる。そして、その場所への乱入を撰銭令で禁止することは、その禁止を大名権力が保証していたことを意味する。

この事実は、本来は民間の取引の一部として行われていた撰銭という商慣行が、中世末になると、もはやそのままでは遵守《じゅんしゅ》されなくなり、大名権力の裏付けをともなって、はじめて円滑に行われるようになったことを物語る。それだけ中世末における銭貨の品質が粗悪となり、銭貨流通が混乱していたことを示すものである。このような状態は、十三世紀から十五世紀にかけて、銭貨が安定した経済活動のメディアとして機能していた時代とは同一には論じられない。十六世紀の後半にあたる七期、八期の備蓄銭が、それ以前の時期の備蓄銭に比べて、その例数と規模を急激に縮小させてくるのは、このような銭貨品質の劣悪化による信用の低下にともない、銭貨の資産価値の喪失が進行していたという背景があったことを示している。

銭貨より見た中世から近世への移行

中世銭貨流通の二段階

出土備蓄銭を通して中世の銭貨流通を概観してきたが、一口に中世の銭貨流通といっても、さまざまな特徴があり、複雑な様相を示していることがわかる。そして、中世の銭貨流通は、その当然の帰結として、近世の銭貨流通と密接に関連する。そこで、あらためて中世における銭貨流通の変遷を整理し、近世に成立した金銀銅の三貨体制が、中世銭貨流通のいかなる蓄積のうえに展開するのかを展望しておくことにしよう。

中世の銭貨流通を出土備蓄銭の規模や、備蓄銭の時期ごとにおける銭種の組み合わせの変化などを分析した結果、中世の銭貨流通には大きく分けて二つの段階が存在したと考えられる。まず、銭貨の流通が広い範囲にわたって安定して行われ、人々が銭貨を重要な財産価値のあるものと受けとめていた十三世紀から十五世紀にいたる期間がある。備蓄銭の時期でいうと一期〜五期に相当する期間で、備蓄銭に含まれる銭貨の内容も後の時期に比べ均質であった。この時期の銭貨流通を特徴づけるものとして、当時における代表的な銭貨を指す名称であった精（清）銭という言葉を用いて、精（清）銭体制の時代とよぶことにしたい。

今一つの段階は、中世の銭貨流通についてのさまざまな問題が顕在化し、銭貨の信用や財産としての価値が揺らいでくる十六世紀以降の期間で、備蓄銭の時期でいえば六期〜八期にいたる時期である。悪銭《あくせん》、地悪銭《じあくせん》、びた（ひた）などとよばれる粗悪な銭が出現し、日本において中国銭を真似て作られた模鋳銭や無文銭なども出現し、他方では永楽通宝が他の銭貨と異なった高い評価を受けるようになるなど、個々の銭貨価値の差別化が進行する。このような状況のなかで撰銭令《えりぜにれい》が発令されるようになり、銭貨流通が円滑に行われなくなり、銭貨の取引が停滞するのみならず、財産としての銭貨の価値も低減してくる。この中世末の銭貨流通を特徴づけるものとして、永楽通宝の超精（清）銭化の時代とよぶことにしたい。

渡来鉄銭は存在しない

最初の期間、つまり精（清）銭体制の時代における出土備蓄銭の銭貨で注目すべきことは、中国でかなり大量に使用されていた鉄銭がまったくといってよいほど存在しないことである。中国の銭貨というと、日本に存在する中世渡来銭を思い浮かべ、銅銭ばかりであったと考えやすいが、それは中国の銭貨流通の実態とは異なっている。すでに江戸時代の六道銭《ろくどうせん》について取り上げたさいに、十八世紀以降における寛永銅銭の発行が、銅資源の不足から困難になってきたとき、青木昆陽《こんよう》が中国にも例のある鉄銭の発行に踏み切るべきだという提案を幕府に行っていたことを紹介した。昆陽は中国の貨幣の歴史を詳しく調べており、宋代に大量の銭貨が発行されていたが、それは銅銭だけでなく、鉄銭も存在していたことを知っていたのである。

したがって、中世において日本が大量の中国銭貨を輸入しようとしたとき、もっぱら銅銭のみを輸入し、鉄銭を拒否していたことが考えられる。しかし、一艘の貿易船に八〇〇万枚もの銭貨を積んでくるような場合、その中に鉄銭がまったく入っていなかったとはいいきれない。貿易とか交易の常として、すきあらば粗悪な品物を相手につかませることはありえたはずだし、意図的でない鉄銭の混入ということも十分発生しえたと考えられる。したがって中世日本にある程度中国の鉄銭がもたらされたことは考えておくべきだろう。

それにもかかわらず、一期〜五期の備蓄銭にまったく鉄銭が存在していないのは、おそらく備蓄銭には鉄銭を加えないような配慮が働いていたからに違いない。つまり備蓄目的のためには、できるだけ良質の銭貨を集めることを心がけたと考えられるからである。

銭貨流通の第一段階

これまで発見された出土備蓄銭のなかで、鉄銭と考えられる銭貨を唯一含んでいるものは、先にもっとも古い時期を示す備蓄銭として紹介した福岡県甘木市真奈板出土例である。しかしそれとても、二三〇五枚の銭貨のなかで、八枚の鉄銭しか存在していない。これは明らかに備蓄銭には鉄銭が排除されていた可能性を示すものである。したがって、備蓄銭に用いるための銭貨はなんらかの方法によって選別されていたと考えられる。これは一種の撰銭《えりぜに》が行われていた状況といえる。つまり十六世紀の後半のように、室町幕府や大名によって、権力側から発令された撰銭とは異なった、銭貨を取引する人々の間で、いわば自然発生的な撰銭が行われていたとみられる。このような点からみて、精（清）銭体制の時期には、銭貨を取引する人々、おそらく遠隔地の交易を行う商人や金融業者などの間で、自主的な選銭が行われていたのであろう。このような撰銭行為を、後の撰銭令にもとづく撰銭行為と区別する意味で「撰銭慣行」とよんでおく。

このように考えると、十六世紀になって、権力側が撰銭令を発令しなければならなかった事情がよく理解できる。つまり、商慣行としての撰銭慣行は、本来統治権力とは無縁なものだった。銭の取引を行う人々の間で、いわば自治的に行われ機能していたに違いない。ところが十六世紀以降、銭貨の損耗が激しくなり、さまざまな粗悪な銭貨が出現するに及んで、従来のような慣行を基礎とした手法ではもはや撰銭が行えなくなり、より上部の力、すなわち政治権力を借りることによってはじめてその円滑な実行が保証されるようになってきたのであろう。また権力側も、年貢の徴収、支配権力の強化につながる蓄財といった経済的要因から、銭貨による収入やその安定的流通を必要としていた。そこに大名や幕府が、撰銭令という形で権力発動を行う強い動機があったとみなければならない。

銭貨流通の第二段階

かくして、中世銭貨流通の第二段階において、これまで均質的な銭貨として、中世の標準的な銭貨を代表する精（清）銭が、しだいに品質を低下させていき、銭貨の財産としての価値が失われていくのである。しかし、銭貨は中世における唯一の金属貨幣であって、それに替る貨幣としての役割を果たすものは、古代以来使われてきた米や布・絹などしかなかった。このため、人々は銭貨のなかでもっとも信用のおける銭貨を捜し求めるようになる。これが「結城《ゆうき》氏《し》新法度《しんはっと》」などに典型的に現れる永楽通宝の独占的使用計画や、伊勢大湊の入津料《にゅうしんりょう》における永楽通宝の徴収であり、六期以降の備蓄銭における永楽通宝の集中的備蓄という動き、すなわち永楽通宝の超精（清）銭化現象の出現であった。

流通銭貨のなかでももっとも信頼のおける永楽通宝を、他の銭貨とは切り離した高い価値をもたせ、それによって全体として低下しつつあった銭貨の信用や財産的価値をつなぎとめようとしたのである。小田原後北条氏などが、精（清）銭の二ないし三倍の価値を永楽通宝に与えていたのも、戦国大名が良質の銭貨の備蓄を熱心に考えていたことの現れである。しかし、すでに述べたように、このような努力によっては、とうてい中世銭貨の信用や価値を回復することはできなかった。

近世銭貨流通への胎動

永楽通宝の超精（清）銭化現象の出現とともに、中世銭貨流通は近世への胎動を開始する。すなわち、唯一の貨幣的財産としての銭貨の地位が揺らぎ、米・布・金銀といったさまざまな財がその替りをしていくなかで、かつての標準的銭貨であった「精（清）銭」は「びたせん」と総称されるようになり、日常的な小額取引を行うさいの貨幣へと変質していった。この日常的小額貨幣としての機能こそ、近世における銭貨機能の中心をなすものだったのである。

銭貨の日常的小額貨幣へと変身していく過程において重要な役割を果たしたのが、徳川幕府による慶長金銀の発行と永楽通宝の使用禁止という二つの貨幣政策だった。関ヶ原の戦いに勝利するやいなや、家康はただちに金銀貨を発行した。この慶長金銀は、元禄年間（一六八八～一七〇四）の改鋳にいたる約一〇〇年近くにわたって使用され、幕府発行の金銀貨としてはもっとも長い流通期間を保った貨幣であった。ここにはじめて、実質的な徳川三貨体制が出現したということができる。

しかしこの初期徳川三貨体制は、銭貨に中世以来の鐚銭《びたせん》（渡来銭）を使用するという点で、完全に中世の貨幣体制から決別していたわけではなかった。中世末における品質の低下した鐚銭を近世になっても使用しつづけられた秘密は、徳川幕府が新しく発行した慶長金貨（慶長小判・判金）と鐚銭とを交換するレートが定められたことによる。幕府は慶長十三年（一六〇八）と十四年に、永楽通宝の流通を禁止し、鐚銭のみを銭貨として使用するとしたうえで、金一両＝鐚銭四貫文という、江戸時代における金銭交換の基本となった交換比率を定めた。さらにこれに加えて、永楽通宝一貫文＝金一両＝鐚銭四貫文という換算比率をも明示したのである。

永楽通宝の使用禁止

この慶長十三、十四年の幕府の金銀銅三貨に関する決定が、いかなる意味をもっていたのかという点に関して、従来の貨幣史研究においては必ずしも明確な説明がなされてはいなかった。中世末において、もっとも良質な銭貨として扱われていた永楽通宝をなぜ使用停止にしたのかという点や、使用を停止された永楽通宝が、なぜ鐚銭よりも高い価格で金貨との交換を認められたのかについて、きちんとした説明ができなかったのである。

永楽通宝の流通禁止に幕府が踏み切った理由は、出土備蓄銭の分析結果からみればいたって当然のことと理解できる。すなわち、中世末に流通していた銭貨の圧倒的多数は鐚銭とよばれる永楽通宝以外の銭貨であり、永楽通宝は中世末期の時点においてさえ、出土備蓄銭のなかで平均すれば約一六％程度しか存在していなかった。その程度しか存在していない永楽通宝が重要視されていたのは、永楽通宝を資産価値のある銭貨として評価していたからである。しかし、銭貨がもはや資産価値としてではなく、日常の小額取引に欠かせない貨幣として認識されてくるにつれ、銭貨の機能として重要な性質は、品質よりも日常の大量の銭貨需要にこたえられる銭貨となってきた。幕府はこの観点から流通のメディアとしての銭貨に、量的に卓越する鐚銭を選んだのである。

しかしそれだけで、鐚銭による銭貨流通が安定するとは考えられない。そこを解決しようとしたのが、鐚銭と金貨との交換比率の設定である。鐚銭四貫文が金一両に交換できるという幕府の決定は、政治権力が特定の貨幣間の交換を保証したという点で日本貨幣史上画期的な出来事である。単に法令上のお題目として、金銀と銭の価格を定めたのではなく、実際に慶長金銀という高品質の金銀貨を発行したうえで、それらと鐚銭との交換を権力が保証したのである。これは、いつでも鐚銭が金銀貨と交換できることを意味していたから、人々は安心して銭貨を使用することができたはずである。事実、極端な銭安傾向にあった京都における銀と銭の交換相場は、慶長十四年以降になると銭貨価格が持ちなおし、安定に向かったのである。

永楽通宝流通停止の意味

最後の問題として残るのは、なぜ流通停止にした永楽通宝が、現に流通している鐚銭の四倍もの価格で金貨と交換できるようにしたのかという点である。これは長らくその理由が明快に説明できなかったのだが、中世末期の出土備蓄銭の内容が明らかになるとともにその理由が説明できるようになった。六期以降の備蓄銭において、永楽通宝の量が増加することはすでに述べてきたが、このことは、一部の人々が依然として永楽通宝を中心とした銭貨を重要な資産価値として考えて

表9－1　永楽通宝を含む関東地方の備蓄銭の分布と時期的な変化（1998/3/7）

県　名	出土例数	1期	2期	3期	4期	5期	6期	7期	8期
栃　木	3		2				1		
群　馬	6				1		2	2	1
茨　城	15	2	2	1		2	3	4	1
埼　玉	15	1	2	1		1	7	2	1
東　京	11				3		5	3	
千　葉	2				1				1
神奈川	12	2			2		6	1	1
出土例合計	64	5	6	2	7	3	24	12	5

表9－2　永楽通宝を含む関東地方の備蓄銭の地域・時期別出土銭貨総枚数

県　名	銭貨例数	1期	2期	3期	4期	5期	6期	7期	8期
栃　木	30296		17855				12441		
群　馬	40292				13028		6449	6564	14251
茨　城	484775	9091	14325	116996		286074	22641	29763	5885
埼　玉	217825	26425	30184	4741		8460	132023	14164	1828
東　京	162310				108386		34940	18984	
千　葉	4336				1067				3269
神奈川	84222	9899			27398		37670	2398	6857
枚数合計	1024056	45415	62364	121737	149879	294534	246164	71873	32090

表9－3　永楽通宝の関東地方における地域・時期別出土枚数

県　名	永楽銭枚数	1期	2期	3期	4期	5期	6期	7期	8期
栃　木	1155						1155		
群　馬	9636				909		763	843	7121
茨　城	12897					5427	2401	4181	888
埼　玉	19707					783	16495	1717	712
東　京	18409				4663		5004	8742	
千　葉	860				16				844
神奈川	9639				1800		5127	341	2371
枚数合計	72303				7388	6210	30945	15824	11936

表9－4　永楽通宝の関東地方における地域・時期別出現頻度

県　名	永楽出現率	1期	2期	3期	4期	5期	6期	7期	8期
栃　木	9.28						9.28		
群　馬	23.92				6.98		11.83	12.84	49.97
茨　城	3.75					1.90	10.60	14.05	15.09
埼　玉	12.59					9.26	12.49	12.12	38.95
東　京	11.34				4.30		14.32	46.05	
千　葉	19.83				1.50				25.82
神奈川	12.97				6.57		13.61	14.22	34.58
平　均	9.10				4.93	2.11	12.57	22.02	37.20

関東地方においては、時期が新しくなるにつれて備蓄銭の中に占める永楽通宝の量が増加する。これは関東全域で認められ、とくに6期以降に顕著となる。中世史料において他の銭貨に比べて永楽通宝が著しく高い評価を受けるようになってくる、いわゆる永楽通宝の超精(清)銭化現象が、考古学的にも確認できるデータである（表は鈴木公雄『出土銭貨の研究』東京大学出版会　より転載)。

いたことを示している。そして、六期以降の出土備蓄銭の分析から、それらの人々の多くが関東地方に集中していた可能性が強いことがはっきりしてきた。

表9の1〜4を見ると、関東地方の六期以降の備蓄銭において永楽通宝の含まれる割合が増加していることがわかる。これはおそらく「結城氏新法度」や小田原後北条氏などが永楽通宝をとくに優遇しようとしたことの反映と考えられる。これら永楽通宝を中心とした資産保有者は、徳川家康の関東入府以後においても、一定の影響力を残していたと考えられる。したがって、徳川幕府が永楽通宝の使用禁止を通達すれば、幕府のお膝元である関東地方において、これら永楽通宝を備蓄していた人々の資産に打撃を与えることになったはずである。

徳川家康が関東入府を行った天正十八年（一五九〇）以後まだ二〇年と経過していない慶長十三年（一六〇八）、十四年という時期に、このような決定を行うことは、政治・経済上の不安定要因になりうる問題だったとみられる。その意味で、徳川幕府は永楽通宝の流通を停止するとともに、自分の領国内に多く存在した永楽通宝資産保有者に対して、永楽通宝を他の鐚銭よりも有利に金貨と交換できる道を作っておいたのであろう。このような資産保護のための処置と考えなければ、流通停止になった銭貨が、現に流通している銭貨よりも有利なレートで金貨と交換できるという不思議な現象を説明できない。

以上の推察を裏付ける史料として、『当代記』という書物に興味ある逸話が残されている。この本は戦国期から江戸初期にいたる政治や社会の動向について編年体で記したものである。とくに徳川家康の政治についての記述が多いことで知られているが、成立年代、作者ともに不明であり、史料としてどこまで利用できるか問題があるといわれてきた。そのなかに慶長十三年（一六〇八）の冬のこととして、

> この冬に江戸は永楽銭を使うのを止めて、薄銭（鐚銭のこと）を使うことにしたそうだ。大御所（家康のこと）が言われるには、この処置は最近蔵にためておいた永楽銭が傷んできたからこのようにしたのだそうだ。永楽銭を溜め込んでいた町人たちは大変な迷惑を被ったという。これ以後は薄銭を使うようになり、下々の者共は大いに有り難がったそうだ。

という一節がある。

近世貨幣体制の成立

この逸話は、これまで検討してきた中世末期の備蓄銭における永楽通宝の増加傾向と、それが関東地方に集中してくる事実などを無理なく説明することができるばかりでなく、幕府開設当時の貨幣政策の特徴を知りうる興

味ある内容をもつものといえる。徳川幕府は、全国を統括する政権として、銭貨の流通に対して全国的需要に応えられる鐚銭を、公用通貨として採用することを決めたのであろう。そして、その安定的な流通を促進するために、鐚銭と金貨との交換価格をリンクさせ、必ずしも良質とはいえない鐚銭の貨幣的信用を保証するとともに、おひざ下の関東にいた従来の永楽通宝資産保持者を救済する道も講じたとみられる。

かくして、鐚銭は古寛永通宝の発行される寛永十三年（一六三六）まで、小額貨幣としての流通が保たれたのである。これは中世以来唯一の金属貨幣として、流通のメディア、価格の基準、資産としての価値といった、貨幣のあらゆる機能を背負ってきた銭貨の機能が分解し、日常的小額貨幣へと収斂《しゅうれん》していく最初の一歩であったといえる。そしてその延長上に、古寛永通宝の大量発行によって、銭貨における近世の到来が完成したといえるのである。徳川三貨体制の本質は、たんに銭貨の上位に金銀貨を発行したことにあるのではなく、中世以来流通してきた銭貨に対して、金銀貨との間に一定のレートによる交換を、政治的に保証したことにあったのである。

古代銭貨の考古学

日本における銭の始まり

富本銭の発見

記録にみえる最古の銭

日本歴史の教科書を開けば、わが国の最初の銭貨は和銅元年（七〇八）に鋳造された和同開珎《わどうかいちん》であると書いてある。これまではこの通説が多くの人々に信じられてきた。しかし、これよりも遡る時代に銭の発行が行われていたのではないかという記録は存在していた。『日本書紀』の天武天皇十二年（六八三）四月十五日条には、

今より以後、必ず銅銭を用いよ。銀銭を用いることなかれ。

という一文があり、さらにその三日後の四月十八日条には、

銀を用いること止むることなかれ。

という一文がある。

天武天皇十二年は、和銅元年を遡ること二五年にもなるから、この銭が和同開珎であるはずはない。さらに困ったことには、銀銭というわけのわからない銭貨の存在も記されており、しかもそれを使用停止にしたり、三年後にすぐまた覆らせようとするなど、わけのわからない記述がある。この銭はいったいなにかという問題をめぐって、古代の貨幣史研究は長い間さまざまな議論をたたかわせてきた。とくに、天武十二年の記事には、銅銭に先だってすでに銀銭が存在していたかのように読めるため、わが国の最初の銭が銀銭であったのか否か、もしそうならばどのようなものであったか、多くの貨幣研究家を悩ましたのである。

和同開珎に先行する銭貨の存在については、上記の問題だけではなく、奈良の平城京への遷都をまもなく迎えようとする持統天皇八年（六九四）に、大宅《おおやけの》朝臣《あそん》麻呂《まろ》、台《うてなの》忌寸《いみき》八《や》嶋《しま》、黄書《きふみの》連《むらじ》本実《ほんじち》ら三人が鋳銭司《じゆせんじ》に任命されたこと、さらにその五年後の文武天皇三年（六九九）には、はじめて鋳銭司を置き、中臣《なかとみの》朝臣《あそん》意美麻呂《おみまろ》を長官としたという記事がある。鋳銭司とは、その名のごとく銭を鋳造する役所だから、この記事は本格的な銭貨の鋳造が和同開珎の鋳造に先立って計画されていたと読める。和同開珎鋳造のための記録は、和銅元年（七〇八）に多治比《たじひの》真人《まひと》三宅《みやけ》麻呂《まろ》を催鋳銭司《さいじゅせんじ》に任じているので、この文武、持統朝の鋳銭司は和同開珎とは関係ないことが明らかである。

無文銀銭

これらの和同開珎鋳造以前の銭貨関連記事をどのように理解するかについては、多くの古代史研究者を悩ませてきた。これらのなかで、銀銭といわれているものは、天智天皇七年（六六八）の創建といわれる滋賀県大津市崇福寺から出土した一二枚の銀製の銭貨に相当すると考えられている。この銀銭は後の和銅銀銭のような銘文や、銭特有の円形方孔を有するものではないが、いびつな円形をしており、重量がほぼ一〇グラム内外で、中心に鏨《のみ》であけたとみられる小孔がある。その特徴から無文銀銭とよばれており、和銅銭に先行する銀貨と考える人もいる。しかし、銅銭については、無文銀銭に類似した無文銅銭の存在を考える人もいるが、はっきりしたことはわからない。

見えない実像

古代史研究者の多くは、『日本書紀』や『古事記』の歴史記述には、しばしば信憑《しんぴょう》性が疑われる場合があることから、これら奈良時代以前の銭貨関連記事は、後の和銅銭鋳造に関する記録がなんらかの形で重複してしまったのか、さもなくば、奈良時代に先行するなんらかの試験的な銭貨の鋳造を示す、痕跡的記録であろうとして、あまり深くは追求しなかったようだ。確かに記録の内容は断片的であり、他の史料と付き合わせてその内容を検討する道も閉ざされていたのだから、これ以上問題を明らかにできなかったのは無理もない。そしてなによりも、これら和同開珎に先行するとみられる銭貨について、はっきりとした考古学上の証拠が存在しなかったことが、この奈良時代以前の銭貨の実像をあいまいなものとしていたのである。

富本銭の発見

平成九年（一九九七）より発掘が開始された、奈良県明日香村飛鳥池遺跡から、確実に和同開珎よりも古い年代をもつ富本銭《ふほんせん》が発見されたことは、日本の貨幣史上の特筆すべき出来事だった。これにより、先に紹介した和同開珎以前の銭貨発行に関するさまざまな疑問点が説明できるようになってきた。しかし、富本銭そのものは、平成九年よりもさらに遡る昭和六十年（一九八五）に、すでに発掘調査によって発見されていたのである。なぜそのときに富本銭が注目されなかったのかをたどっていくと、江戸時代以来の古貨幣に関する研究の流れのなかで、富本銭が不思議な取り扱いをされていた歴史が浮かび上がってくる。

富本銭は絵銭か

昭和六十年に平城京右京八条一坊十四坪で発掘された井戸の底から、和同開珎八枚、万年通宝一枚、神功開宝二枚とともに、一枚の富本銭が発見された。この井戸は地下三・五メートルも掘られており、奈良時代に廃絶したことは明らかであった。この見慣れない富本銭について、発掘担当者が当時の日本銀行貨幣研究所に問い合わせたところ、富本銭は江戸時代の絵銭《えせん》であるという回答が寄せられた。絵銭とは江戸時代の中期以降にさかんに作られた銭形の鋳造品で、恵比寿・大黒・七福神・天神などを鋳出した一種の玩具と考えられるものである。先に六道銭のところで紹介した念仏銭、題目銭なども絵銭の一種と考えられている。富本銭はそうした江戸時代の絵銭の一種として、江戸時代の古銭収集家などによってすでに紹介されていたのである。

　富本銭が江戸時代の絵銭ということになれば、奈良時代の井戸跡に、江戸時代の遺物が混入していたことになる。このような新しい時代の遺物が古い時代の遺構に紛れ込んでしまうことは、考古学的にいってありえないことではない。しかしこの井戸を発掘した担当者たちは、井戸が三メートル以上もの深さに埋没していたこと、その中から出土する遺物が富本銭を除き、すべて奈良時代に属するものであることなどから、富本銭だけが江戸時代の遺物として井戸の底に混入したことに強い疑問を抱いたのである。そしてそこから、松村恵司氏らによる和同開珎に先行する日本最初の銅銭に対する追求が始まった。

続出する富本銭の発掘例

まず最初に手がけたのは、平城京から出土している奈良時代の銭貨を、すべて洗いなおすという作業だった。その結果、昭和四十四年（一九六九）に発掘された平城京東三坊大路の東側に当たる側溝から出土した七二五枚の奈良時代銭貨のなかに、「富本銭」と読める銭貨が一枚あることがわかった。この銭貨はかなり磨耗して文字が読み難くなっていたため、銭種不明の銭貨として扱われていた。しかし、注意深く観察すれば明らかに富本銭と読めるものだったのである。

さらに平成三年（一九九一）には、平城京に先行するわが国最初の都城であった藤原京右京一条二坊から、平成五年には同じく左京北三条六坊から、それぞれ一枚ずつ富本銭が出土した。これにより、富本銭が和同開珎に遡る七世紀末の所産である可能性が大きく浮かび上がってきた。平成八年には、大阪難波京の朱雀大路《すざくおおじ》に面する細工谷遺跡からも一枚の富本銭が出土し、その分布が奈良盆地を越えて存在することが明らかになってきた。

これらの発見によって、富本銭が奈良時代ないしはそれを遡りうる時代に存在したものであることはほぼ疑いなくなってきたが、それでは富本銭はいかなる性格の銭貨であるのかについて、的確な判断を下せるだけの資料はまだそろってはいなかった。『日本書紀』や『続日本紀《しょくにほんぎ》』といった七世紀末から八世紀にかけての歴史書には、富本銭について直接書き記した記事はまったく存在していなかった。

厭勝銭

そこで考えられたのは、富本銭は和同開珎のような流通を目的とした銭貨ではなく、奈良時代における一種の厭勝銭《ようしょうせん》であろうというものだった（東野治之『貨幣の日本史』〈朝日選書五四七〉）。厭勝銭とは呪《まじな》い銭のことで、中国にその例がある。皇帝の一族などの結婚や子供の誕生祝などに金銀・玉・象牙・琥珀《こはく》・鼈甲《べっこう》（玳《たい》瑁《まい》）などで銭形品を作り、そこに「長命富貴」などといった縁起の良い吉祥文などを表したものである。江戸時代の絵銭も広い意味でこの厭勝銭に含まれるものだった。

二種類の富本銭

富本銭の考古学的発見とともに、江戸時代の古銭研究家などが表した泉譜《せんぷ》（銭の拓本を示し銭貨の解説を行った一種のカタログ）などについての検討も行われた。すると、これら江戸時代に知られていた富本銭について、興味ある事実が明らかになってきた。それは、これらの泉譜に見られる富本銭は大きくみて二種類が存在しており、そのうちの一種類は遺跡から出土した富本銭ときわめてよく類似していることが判明したのである。さらに、今井風山軒という古銭研究家は、すでに富本銭に二種類が存在することを指摘したうえで、真正品と考えられるものが三例あり、それらは奈良時代の古和銅（もっとも最初に鋳造されたと考えられる和同開珎）に似ていると指摘していた。

それでは、他のもう一種類の富本銭は何であったのかというと、これらの富本銭は出土した富本銭との間にさまざまな違いがあることがわかる。そのなかでもっとも重要なのは、富本の「本」字の違いである。出土富本銭の「本」はすべて大の字の下に十を配する「夲」を書くのに対して、今日のわれわれが書くのと同じ「本」の字を用いている。さらに出土富本銭の重要な文様である左右の七つの点は、七星を表したものと考えられるが、もう一種類の富本銭では六つの点となっているものが多く、いわゆる家紋などによく見かける梅鉢紋《うめばちもん》に近い配置となっている。これらを以後かりに「本字富本銭」とよぶことにしよう。

この江戸時代の泉譜に見られる「本字富本銭」は、いかなる存在だったかというと、そのなかに江戸時代の他の絵銭と共通する文様などをもつものがあることからみて、おそらく江戸時代に、他の絵銭と同じように作られたものと考えられる。そのさいに、本来の富本銭のもつ特徴である「夲」字や七星を写し間違えてしまったのであろう。そして、このような「本字富本銭」が存在することから、逆にすべての富本銭は江戸時代の絵銭であるという考えが、古銭研究家の間で一般的になったものとみられる。昭和四十年（一九六五）に平城京から最初に出土した富本銭が、江戸時代の絵銭と判定されてしまったのは、「本字富本銭」が本来の富本銭と考えられていたからであろう。

飛鳥池遺跡

富本銭が江戸時代の絵銭ではなく、奈良時代に作られたものであることは以上のような検討をへてしだいに明らかになってきたが、平成九年（一九九七）より開始された奈良県飛鳥池遺跡の発掘調査によって、ついにその全容が明らかとなった。飛鳥池遺跡は、飛鳥寺《あすかでら》（法興寺《ほうこうじ》・元興寺《がんごうじ》）の東南に位置する谷戸一帯に広がる遺跡で、奈良県が万葉博物館を建設する予定地にあたっていた。建設に先立つ発掘調査によって、奈良時代の金・銀・銅・ガラス細工などの製品を集中的に製作した工房跡が発見されたが、その堆積層中から多数の富本銭およびその鋳造に関連する遺構・遺物が出土したのである。最初の富本銭の発見は平成十年八月で、その年の暮れまでに三三枚が発見された。

これらの富本銭はすべて「ばり」（鋳造のさいに鋳型に流れ込んだ銅が、型の合わせ目からはみ出し、薄い膜状に固まったもの）が付いており、この飛鳥池遺跡で富本銭の鋳造が行われたことを明確に示していた。さらに銭を鋳造するさいに個々の銭貨の鋳型に溶けた銅（湯）が流れ込んでいく道筋にあたる湯道《ゆみち》に残った銅が固まってできた鋳棹《いざお》や関《せき》などの破片も発見され、富本銭の工房がここにあったことが明らかになった。

富本銭の年代確定

飛鳥池遺跡が富本銭の工房跡であることははっきりしたが、問題はその年代にあった。富本銭とともに発見される遺物は奈良時代初期の遺物を中心としていた。しかし、はたして富本銭が奈良時代に属するのかそれともそれよりも古い天智、天武朝に遡る年代をもつのかを決定するためには、遺物の年代観だけからでは、正確を期すことは困難だった。とくに、暦年代と対比させられるような五年、一〇年と言う短期間の年代の違いを、遺物のもつ相対的年代観から割り出すことは本来無理なことといわねばならない。

そこで発掘担当者たちが考えたことは、すでに別の根拠から年代が明確になっている遺物や遺構と、富本銭の発見される地層とを関連づけて、正確な年代を決定しようということだった。さいわい、富本銭の鋳造を行っていた炉跡や、そこから出た炭、灰などの廃棄物の層（このなかに富本銭とそれに関連する遺物が存在していた）を覆うようにして、一基の瓦窯《かわらがま》跡が発見された。この瓦窯で作られた瓦を調べると、飛鳥寺の東南に営まれた禅院の瓦と判明した。

この飛鳥寺東南の禅院は、道昭《どうしょう》（六二九～七〇〇）という僧が白雉《はくち》四年（六五三）に入唐し、その帰国後に開いたものであることが記録から明らかで、その道昭も文武天皇四年（七〇〇）に没しているから、この瓦窯は明らかに文武天皇四年よりも古いことがわかる。かくして富本銭の鋳造が八世紀を遡る、和同開珎よりも確実に古い年代をもっていることが明らかとなったのである。

富本銭鋳造遺物と遺構

飛鳥池遺跡から発見された富本銭鋳造関係の遺物・遺構は、富本銭そのもののほかに、たがねで切り落とされた「ばり」、鋳棹、関の断片、鋳型の破片、富本銭の研磨に用いられた手持ちの砥石《といし》、研磨用作業台と考えられる銭が固定される円形の彫り込みを持った木製の台、銅を溶かしたと考えられる坩堝《るつぼ》や炉跡、鞴《ふいご》の羽口《はぐち》、鋳造作業によって生じた炭、灰、焼け土、鋳銅のくずなどを廃棄したピット（土坑）など、多種多様なものがあった。

出土した鋳型の断片、鋳棹、関などから富本銭の鋳造形態を復元すると、図15のように、中央の湯道を挟んで左右に二個ずつ計八枚が一単位の銭貨が鋳造されたとみられる。これは部分的な復元と考えられるので、一回の鋳造工程では、おそらくこのような単位が三〜四くらい連なり、全体で三〇〜四〇個くらいの銭貨が一時に鋳造される、いわゆる枝銭《えだせん》の形をしていたと推定されている。また、原料として用いられた銅地金、鋳造のさいに銅

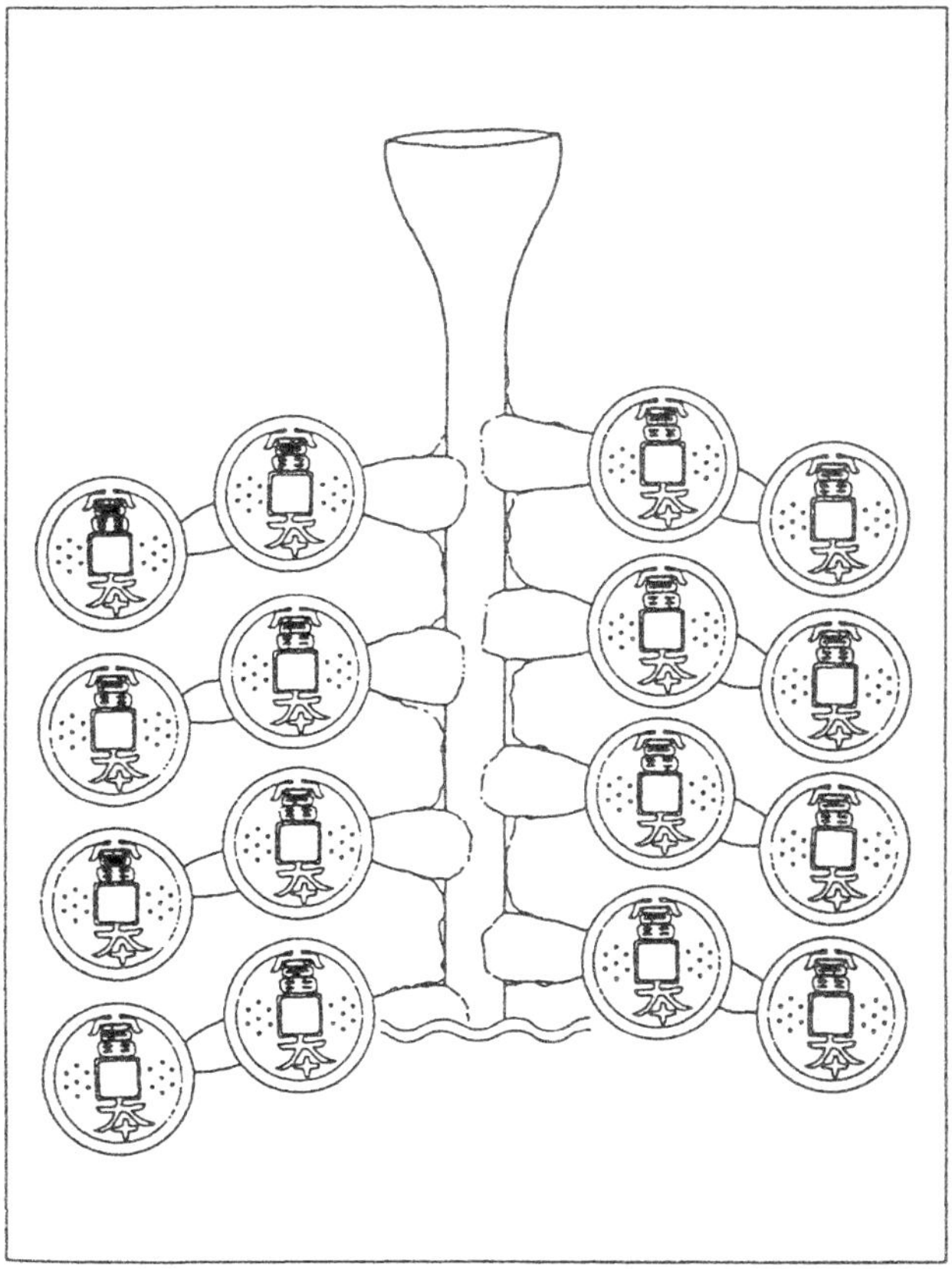

図15　富本銭の枝銭の復元図（松村恵司氏による）
飛鳥池遺跡から発見された資料に基づいて復元すると、富本銭は湯道の左右に二個ずつ鋳型を配し、全体で約30個くらいの銭貨を枝銭として鋳造していたと見られる。

に添加したアンチモン鉱石（銅貨を硬くさせる働きがある）なども発見されており、飛鳥池遺跡では組織的に銭貨の鋳造が行われていたことが確実となった。したがってこの遺跡は、奈良時代に先行する国家的規模の銭貨鋳造工房であると考えられるにいたった。

富本銭発行の意図　(1)

飛鳥池遺跡における遺物・遺構のあり方からみて、組織的な生産体制が志向されていたことが明らかだから、もはや富本銭が厭勝銭として作られたと考えるわけにはいかない。先に紹介した天武天皇十二年（六八三）の銅銭を用い、銀銭を廃止する記事や、持統天皇八年（六九四）、文武天皇三年（六九九）にみられる鋳銭司関係の記事などは、富本銭にかかわるものと考えねばならない。それでは、富本銭はいかなる理由で鋳造されたのだろうか。文献の記録からは、その目的を知る明確な手がかりは得られない。

一つの解釈は、松村恵司氏らによる富本銭が藤原京の造営と関連して発行されたとするものである。藤原京は、中国の都城の制度をモデルとして造られた、古代における最初の本格的計画都市である。中央に天皇の居住する藤原宮を配し、その四周を条坊によって区画し、全体として約五・三㌖四方の京域を形成していたと考えられている。その建設にあたっては、各地から労働者が集められ、その人々の数はかなりの規模に及んだとみられる。

さらに、都として完成した時点では、天皇とそれを取り巻く宮廷組織、官庁組織の維持に相当な人数が必要で、さらにそれらを支えるための使用人や、いわゆる都市のライフラインを受け持つ人々が存在していたとみられるから、藤原京はその建設途上においても、完成されたとき以降においても、かなりの人口が存在していたに違いない。これらの人々に対して、国家が支給する物資や食糧の調達のために、銭貨が用いられたと考えるのである。

政府が物資の調達や、使用している官吏などの給料のために銅銭を発行する例は中国に先例があり、このような銭貨は国家的支払手段として発行されたものとする考えがある。つまり、銭貨の価値や流通を、その発行主体である国家が保証するのである。また銅銭の多くは、その素材となる銅の価値と、貨幣として通用させるときの価格を比較すると、素材価値のほうが低いから、銅銭を発行し、人々にそれを使わせることにより国家は収入を得ることができる。つまり銅銭の発行は国家財政にとってプラスになるというのである。富本銭も藤原京の造営に必要な国家財政を補う意味で発行されたという考えもある。これらは、富本銭は貨幣として流通させるために発行されたとする考えである。

富本銭発行の意図 (2)

これに対し、富本銭は厭勝銭ではないまでも、和同開珎、万年通宝、神功開宝などの奈良時代の銭貨、さらに隆平永宝をはじめとする平安時代前期の銭貨といった、いわゆる皇朝十二銭と同じく、銭貨としての機能を保持していたとする考えに疑問を持つ立場がある。それは、富本銭が発行された七世紀末という時点は、わが国の国家体制がたち上がってくるときにあたっており、国家としての体裁を整えるうえで銭貨の鋳造が必要だと考えられたとする立場である。

七世紀末の日本は、東アジア諸国と肩を並べ、中国に追い付こうとする国家体制の整備が急がれていた時だったから、律令法典の整備、国史の編纂、官僚組織の充実、都城の建設、地方行政組織の整備といった、中国古代国家に倣《なら》った各種の新制度が施行された。その一環として、中国王朝と同じように銭貨の発行を行ったものであり、実際の貨幣的な機能よりも、国家体制完成のためのシンボリックな意味を込めて作られたとするのである。

宮殿や都城はそれを目の当たりにしなければ、その壮大さを実感することはできない。また律令法典や歴史書などは文字の読み書きのできる少数の人々にしか、その意味を知ることができない。それに対して、銭貨は各地に住む多くの人々の手に渡り、その手のひらの中できらきらと輝く存在だった。人々はその輝きの中に、まさに出現しつつある新しい国家の息吹を体感することができたに違いない。銭貨は単なる流通のメディアとしての役割だけでなく、新しい国家の出現を、多くの人々に実感させる、小さいけれども重要な役割を持った、国家的威信財だったのだ。都から遠く離れた所に住んでいる人々にとって、新しい国の動きを知ることのできるものとして、古代の銭貨は「手のひらの中の国家」とでもいえる存在だったのである（鈴木公雄「手のひらの中の国家」『日本史がわかる』アエラ・ムック65）。

不特定多数の人々に、新しく出現する国家体制を実感させる重要な政治的効果をもつものであったからこそ、政府は富本銭や和同開珎の流通を促進しようとしたはずである。多くの人々の手に渡って、はじめて銭貨のもつ国家的威信財としての役割が発揮できたからである。もしかりに、富本銭が中国に追い付け追い越せのシンボルとして発行されたのであれば、富本銭が多くの人々の手に行き渡らなければ、国家的威信財としての効用も期待できなかったはずである。

通貨か国家的威信財か

厭勝銭としてではなく、あくまで流通を目的とした銭貨として、組織的に生産しようとした意図がうかがえる飛鳥池遺跡の情況からして、富本銭の発行にさいして貨幣として流通させようとする考えがあったことは間違いないだろう。それゆえ、流通通貨なのか、国家的威信財なのかという二分法的な解釈だけでは、富本銭の本質に迫ることは難しい。この二つの性格は古代銭貨のなかでは、分かち難く結びついていたからである。この点を解明していくには、古代に発行された和同開珎をはじめとする皇朝十二銭と比較しながら、総合的に判断していくことが大切である。そのためには、日本各地の古代遺跡から出土している古代銭貨を集成し、総合的に検討する作業が重要になる。

古代銭貨の考古学

皇朝十二銭

日本各地の古代遺跡から出土した銭貨は、筆者らの学会である出土銭貨研究会が平成十二年（二〇〇〇）に金沢市で行った研究大会までの集計によると、北海道から鹿児島県にいたる各地で発見されている。これは出土銭貨研究会の会員がそれぞれの地域における古代銭貨を集計した結果であり、現状における最新・最良のデータである。古代に発行された銭貨の多くは銅銭だったが、なかには金銭、銀銭がわずかだが存在している。金銭は天平宝字四年（七六〇）に鋳造された開《かい》基《き》勝《しょう》宝《ほう》のみで、銀銭はおそらく奈良時代以前に作られたとみられる無文銀銭、和銅元年（七〇八）発行の和同開珎銀銭、開基勝宝と同じ年に発行されたという記録があるものの現在その存在が不明となっている大平元宝《たいへいげんぽう》の三種類のみで、残りはすべて銅銭である。これらの銅銭は最近その存在が明らかになった富本銭を除けば、最初の和同開珎から最後に発行された乾元大宝《けんげんたいほう》（天徳二年〔九五八〕）まで一二種類あることから、一般に皇朝《こうちょう》十二《じゅうに》銭《せん》と総称されている。

これらの皇朝十二銭は、図16に示したが、一瞥《いちべつ》してわかるように、和同開珎から富寿神《ふじゅしん》宝《ぽう》にいたる五種類の銭貨は、銭の大きさ、銭銘が鮮明に鋳出されており、きちんとした規格をもつ銭貨であるが、承和昌宝《じょうわしょうほう》以降はしだいに銭の大きさが縮小し、銭銘も不明瞭になってくる。この現象は近・現代の貨幣においても認められることで、発行主体の経済力が弱体化していくと、貨幣の質が低下してくる状況を示している。とくに終末の延喜通宝《えんぎつうほう》、乾元大宝などは鋳上がりの状態や銅質が悪く、軽量になる。かくして、古代の銭貨発行は平安時代前期に入ると衰退し、平安時代中期以降はまったく銭貨が発行されなくなり、ついに中世の全期間を通じて、日本の政権による銭貨鋳造は行われなくなるのである。

日本各地出土の古代銭貨

これらの古代銭貨が、日本の各地から、どのくらいの割合で出土しているかをまとめたのが表10である。集計に用いた地域は、古代の地方行政単位を用い、畿内・東海・東山・北陸・山陽・山陰・南海・西海の五畿七道に属する国ごとに区分してある。これは古代の行政区分と銭貨の出土量との間にどの

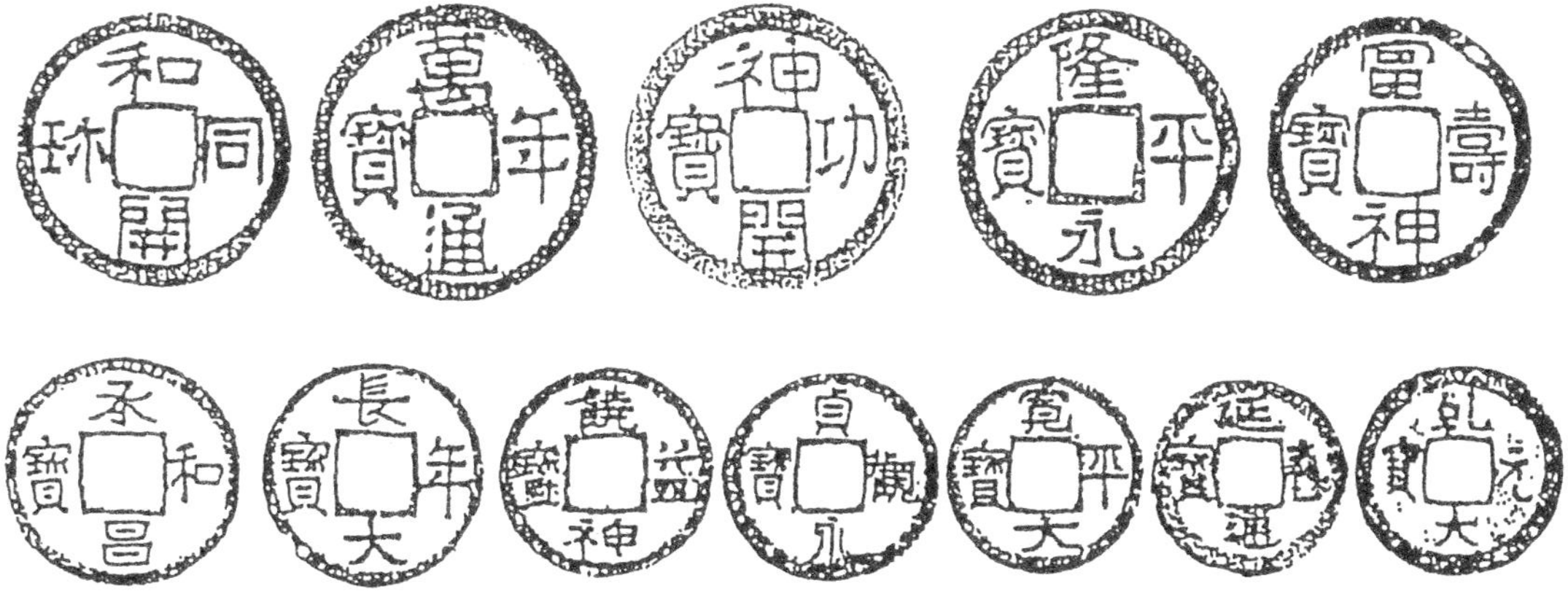

皇朝十二銭

和同開珎	和銅元年（708）	**萬年通寶**	天平宝字４年（760）	**神功開寶**	天平神護元年（765）
隆平永寶	延暦15年（796）	**富寿神寶**	弘仁９年（818）	**承和昌寶**	承和２年（835）
長年大寶	嘉祥元年（848）	**饒益神寶**	貞観元年（859）	**貞観永寶**	貞観12年（870）
寛平大寶	寛平２年（890）	**延喜通寶**	延喜７年（907）	**乾元大寶**	天徳２年（958）

図16　皇朝十二銭の比較

皇朝十二銭は奈良時代から平安時代初期までに鋳造された和同開珎～富寿神宝までの銭貨が大きさ、銅質、文字の鋳上がり等から見てしっかりしているが、それ以降になると小型化し、銅質や鋳上がりも劣悪になる。古代律令政権の貨幣管理が低下していく様子が見て取れる。

神功開宝	隆平永宝	富壽神宝	承和昌宝	長年大宝	饒益神宝	貞観永宝	寛平大宝	延喜通宝	乾元大宝	不明	合計
4	2	6	1			1		1			25
	2	2									19
3	3	4				1	1				46
			2					2			5
7	2	3	1					1			48
2	1	2	2	2	2			1			16
4	3	11	1	1	1	1	2	2		2	45
1	1		1	1			1	59	10		74
8	12	9		2		1	1				49
4	14	20	6	2	1	2	1	1			81
12	12	13	3	1	2	3	1	8		9	95
6	2					1				13	25
3	1		1	1							13
4	6	8	3	3	6	2		1			36
	1										1
2	6	2				2		1			15
14	33	3	1		1					1	108
											1
78	25	13						3		71	980
											1
4	3			1			1	3			17
	2	2									30
1				2							10
											25
30	17	7									81
		3							16		19
1	19	4						1			40
130	5			4		1		13		17	245
1	1		7								13
4				1							10
576	266	42	258	23	11	138	16	74	122	40	2255
269	68	314	132	92	23	61	368	198	132	48	2036
922	362	151	98	99	42	53	102	80	12	258	4576
3	4	3				6	2				552
53	38	72	12	3	3	1	34	31	16	7	498
46	57	2	7	64	3	2	6	50	238	29	732

表10－1　全国の出土古代銭貨集計表

歴史的国名	県名	無文銀銭	富本銭	和同開珎銀銭	和同開珎銅銭	開基勝宝	大平元宝	萬年通宝
渡嶋	北海道				9			1
出羽国	山形県・秋田県			1	9			5
陸奥国	宮城県・岩手県				33			1
佐渡国	新潟県				1			
越後国	新潟県				33			1
常陸国	茨城県				4			
上野国	群馬県				14			3
下野国	栃木県							
下総国	千葉県・茨城県				9			7
武蔵国	東京都・埼玉県				24			6
信濃国	長野県		2	1	20			8
越中国	富山県				2			1
上総国	千葉県				3			4
相模国	神奈川県				2			1
安房国	千葉県							
甲斐国	山梨県				1			1
能登国	石川県				49			6
飛騨国	岐阜県				1			
加賀国	石川県			2	743			45
伊豆国	静岡県				1			
駿河国	静岡県				4			1
遠江国	静岡県				22			4
三河国	愛知県				7			
美濃国	岐阜県			2	23			
越前国	福井県				22			5
尾張国	愛知県							
志摩国	三重県			2	12			1
伊勢国	三重県	1		6	41			27
伊賀国	三重県			1	2			1
若狭国	福井県				1			4
近江国	滋賀県	16		1	517			155
山城国	京都府	1			225			105
大和国	奈良県	6	73	24	1943	32		319
和泉国	大阪府				531			3
河内国	大阪府	1		2	195			30
摂津国	大阪府・兵庫県	100	1		98			29

神功開宝	隆平永宝	富壽神宝	承和昌宝	長年大宝	饒益神宝	貞観永宝	寛平大宝	延喜通宝	乾元大宝	不明	合計
21	1	2		3						18	105
	1		3	4				2	1	5	21
		2				1					5
	1	1									5
	17	1						1		27	71
12		2						6		3	35
1	1	1	1								4
1											11
9	43	2	5	2		1		1		1	72
2		1					1	22	1	13	43
										1	4
25	15	7	1		7	3		16	1	18	152
								2			5
	1							1	1		3
1		11						1			14
1		1	50			7					87
			1								1
1								1			2
				4				2	39	10	69
2	2		1			1					19
41	15	13	5	1		1		7	15	124	261
1								1		1	4
		10									11
1											1
2	7	5	4	2						5	27
1									10		11
											1
2314	1072	755	607	318	102	290	537	593	614	721	13866

示した。圧倒的に畿内地方、とくにかつて都城がおかれていた地域からの出土になる。また、銭種においては和同開珎が最も多く、奈良時代に鋳造された神幣としての品質も優れているが、それ以降平安時代前期になると、発行量が減律令政権の貨幣鋳造に対する意欲が、奈良時代以降急速に衰え、貨幣としての

表10－2　全国の出土古代銭貨集計表

歴史的国名	県名	無文銀銭	富本銭	和同開珎銀銭	和同開珎銅銭	開基勝宝	大平元宝	萬年通宝
紀伊国	和歌山県				55			5
丹波国	京都府・兵庫県							5
丹後国	京都府				1			1
淡路国	兵庫県			1	2			
播磨国	兵庫県				24			1
但馬国	兵庫県				9			3
因幡国	鳥取県							
美作国	岡山県							
備前国	岡山県				10			
讃岐国	香川県				5			3
阿波国	徳島県							3
隠岐国	島根県							
伯耆国	鳥取県				3			
備中国	岡山県				51			8
出雲国	島根県			1	2			
備後国	広島県							
土佐国	高知県							1
伊予国	愛媛県				27			1
石見国	島根県							
安芸国	広島県							
周防国	山口県				14			
長門国	山口県				13			
筑前国	福岡県				27			12
豊前国	福岡県・大分県				1			
豊後国	大分県							
筑後国	福岡県				1			
肥前国	佐賀県・長崎県							
壱岐国	長崎県							
対馬国	長崎県							
肥後国	熊本県				2			
日向国	宮崎県							
大隅国	鹿児島県							1
薩摩国	鹿児島県							
合計		125	76	44	4848	32		818

全国の古代遺跡の調査によって出土した銭貨を、古代の行政区域（国別）に表
が多く、古代銭貨の流通していた範囲が主として近畿地方であったことが明確
功開宝までの三種の銭貨で全体の57パーセント以上を占め、しかもこれらは貨
少し、銭の品質、鋳あがり、大きさなどがしだいに劣悪になってくる。これは
信用を失っていく過程を示しているといえる。

ような関係が存在するかを見るためである。銭貨は、その発行順にしたがって配列した。無文銀銭と富本銭は、文献記録上の正確な発行年は不明であるが、『日本書紀』の天武天皇十二年（六八三）の記述に従い、この銀銭を最も古いものとして扱った。

これらの古代銭貨全体のなかで、もっとも大量に出土しているのは和同開珎の四八四八枚で、次いで神功開宝《じんぐうかいほう》の二三一四枚、隆平永宝《りゆうへいえいほう》の一〇七二枚、万年通宝《まんねんつうほう》の八一八枚、富《ふ》寿神宝《じゆしんぽう》の七五五枚が上位五位までの銭貨である。これらはすべて奈良時代から平安時代初期までに鋳造された銭貨であり、いずれも仕上がりの良い銭貨ばかりである。このことから、古代律令政府がきちんとした銭貨発行体制を保持していたのは、奈良時代から平安時代のごく初めまでであったことがわかる。銭貨の質が悪くなってくる承和昌宝以降になると、出土量が減少し、発行時期の終わりに近い寛平大宝《かんぴようたいほう》、延喜通宝、乾元大宝などは出土量がややもちなおすものの、これは質の悪さで量の不足を補った感が強い。

銭貨発行量の推定

全国規模で古代銭貨の出土量を比較してみると、どの銭貨が量的に多く発行されたのかという、銭貨の発行量を推定する手がかりが得られる。古代の銭貨の発行量は記録にはまったく現れてこないから、このデータは重要である。特定の銭貨が考古学資料として多く発見されているという事実は、その銭貨が多数生産されていたことを確率論的に示すと考えられるから、それぞれの銭貨出土量の数量的な差は、各銭貨間における鋳造規模の差を示すものと考えられる。

和同開珎の出土量が他の皇朝十二銭に比べて飛び抜けて多いことは、和同開珎の鋳造が他の銭貨の発行とは異なった、歴史的に特別な意義を有するものだったことが想像される。今後、富本銭の発見例がどの程度増加するかは予測しがたいが、この和同開珎の規模に迫ることは考えられない。なぜなら、もしそれだけの量で富本銭が発行されていたならば、これまでにかなりの量の富本銭が、すでに発見されていたに違いないからである。銭貨の出土量を全国的な規模で集計して比較することを通じて、それぞれの銭貨の量的な規模という、貨幣としての重要な性格を知ることができるのである。

表10を検討していくと、これらの古代銭貨がけっして各地から均等に発見されているものではないことがわかる。もっとも多く発見されている国は大和国で、四五七六枚、全体の約三三パーセントを占める。次いで山城国の二〇三六枚、全体の約一四・七パーセントで、この二国をあわせると全出土量の半分に近い四八パーセントに達する。この二国に、七世紀の後半以降に都城ないし宮跡が置かれていた摂津、近江国の二ヵ国における出土量の合計二九八七枚を加えると、その出土量は九五九九枚、全体の約六九パーセント以上に達する。さらにこれに残りの畿内二

ヵ国の和泉と河内の出土数を加えると、実に一万六四九枚となり、全出土量の七六パーセント以上に及ぶ。この事実は、古代の銭貨が主として流通していた範囲が畿内地域、とくにかつて都城、宮跡が存在していた地域に集中していたことを示している。これは古代銭貨の流通を考えるときに、注目すべき事実といわねばならない。

地方出土の銭貨

畿内中枢部以外の地域で古代銭貨の出土が目立っている諸国を調べてみると、加賀国の九八〇枚、筑前国の二六一枚、伊勢国の二四五枚などが目立った存在である。これらのうちで、加賀国についてはわからないが、筑前国は大宰府が、伊勢国は伊勢神宮が存在しており、いずれも古代律令国家にとって重要な役割を担っていた地域であった。これらの地域に他の諸国よりも古代銭貨の出土量が多いことは理解できる。古代銭貨が、古代の中央集権的国家体制をある程度裏打ちするような形で、地域集中的な出土傾向を見せていることに注目すべきであろう。

考古学データの読み方

もちろん、この表10の出土銭貨一覧表に現れた数値は、現状における集計結果であり、さらに各地の発掘調査が進んだ将来においても、同様な結果を示す保証はない。しかし、将来において、特定の地域や特定の銭貨だけが急激に増加するような事態はおそらく発生しないとみられる。この点が考古学資料にもとづいて作成されたデータを読むときに考慮しておかなければならない点といえる。考古学上のデータというものは、主として遺跡の発掘調査によって発見される。発掘という作業は発掘者が必要と思う資料を常に提供してくれるとは限らない。思いがけない発見に遭遇したり、反対に期待していたにもかかわらず、目的とする資料を発見できなかったことも少なくない。

それならば、考古学のデータというものは、いわゆる出たとこ勝負で、たまたま発見されたものの集積にすぎないのではないか、といわれるかもしれない。しかしそこで重要なことは、出たとこ勝負であったとしても、今日まで残存するような丈夫な材質で作られた資料の場合には、多く存在していた遺物は多く発見されるという確率が存在していることである。この点が考古学資料の逆に重要な性格であって、誰が発掘しようと、どのような意図で発掘しようと、過去において量的に多く作られた遺物は、少なく作られた遺物よりも結果として多く発見されるのである。

考古学のデータを扱うときには、一個や二個の発見例を比較してもあまり意味ある解釈は得られない。新しく発見された資料によってあっさりと覆される余地があるからである。しかし、十分な発見例が集積されているデータどうしの比較となると、逆に一個や二個の新しい発見によってはまったく影響を受けない場合が多くなる。

出土銭貨のデータは、少ないものでも数百から数千、多いものになると数万以上の量をもっている。さらに、発掘において、特定の銭貨だけが集中して出土することはあっても、全体の発掘総数で平均すると、けっしてこれまで集積されていたデータを突如として覆すような状況にはならない。考古学のデータというものは、確率論的に組み上げられたデータだからである。やや理屈っぽくなってしまったが、要するにここに示した古代出土銭のデータは、古代における銭貨流通を考えるとき、その性質を良く理解して使えば、きわめて信頼できるものとなるのである。

出土銭貨から見た古代の貨幣流通

銭貨の出土分布と流通

前記のような古代出土銭のデータにもとづいて、先ほどから問題にしている富本銭や古代銭貨の性格について、改めて検討を加えることにしよう。まず、これらの銭貨が通貨としてどの程度流通していたのかという問題を考えてみる。俗に金は天下の回りもの、といわれるように、通貨は経済活動のメディアとして、人から人に交換されて、広い範囲に行き渡るものである。それゆえその貨幣が流通していた範囲内においては、その貨幣の分布はある程度均一なものであったと考えられる。このような原則に照らして古代銭貨の出土分布状態を見ると、先ほどから問題にしているように、畿内に全体の七割以上の銭貨が集中しているのは、かなり異常な現象といわねばならない。

この現象に対する解釈としては、古代銭貨が畿内地方を中心に流通しており、それ以外の地方ではあまり使われなかったことを示す現象なのか、全国に存在していた銭貨が、なんらかの事情で畿内の中枢部に集中するような経済構造が存在していたかのいずれかが考えられる。地方において今後古代銭貨が畿内と同じような量で発見されるだろうという予測は、確率論的に考えられないので、この点は考慮の外に置くことにする。

古代銭貨の畿内集中

最初に、全国に存在していた銭貨が、畿内に集中するような経済構造が存在していたか否かを検討する。考えられる点としては、地方から中央に対して納められる税が銭貨で納められた結果、このような銭貨の集中が畿内中央部において出現したという考え方があるが、これは二つの点で非現実的である。一つは、律令時代の税は物納を原則としていたからである。周知のごとくこの時代の租税は、租《そ》、庸《よう》、調《ちょう》の三種類が基本だったが、租は米を貢進するもので、庸は防人《さきもり》のように本人が出頭して奉仕する労働であり、調は地方の物産を税として納めるものであった。いずれも現物納を基本としていたことは、平城京その他から、その貢進地や貢進者を記している木簡が出土していることから明らかである。

今一つの点は、租税が銭貨で納められた例がきわめて少ないことである。かりになんらかの事情で地方の銭貨が畿内に集中したとしても、それが再び地方に還流されなかったのであれば、それは畿内と地方との間に銭貨の流通そのものが存在しなかったことと等しい結果となる。したがって、畿内に古代銭貨が集中するのは、地方に存在していた銭貨が集中した結果だと考えるには無理がある。

それでは、いかなる理由から古代銭貨が畿内に集中しているのかというと、おそらく古代銭貨の実質的な流通圏が畿内を中心とする範囲にあったからであると考えられる。このような考えに対してただちに、それならば畿内以外の地域に存在している古代銭貨は、いったい何なのかという疑問が寄せられるだろう。地方における古代銭貨の出土した遺跡を見ていくと、地方の政治経済的中心であった国府の近くや、古代の交通路である街道沿いの遺跡から発見されることが多い。また、集落から発見される場合には、その銭貨が鋳造された年代よりもかなり新しい時期の遺物と一緒に発見されることもある。これらの例から考えて、地方に存在する古代銭貨は、各地方の中心地や主要な交通路沿いに限定された量で持ち込まれることはあっても、日常の経済活動をすべて銭貨でまかなうほどの量は存在せず、ある種の貴重品ないし財産としての扱いを受けるものだったと考えられる。

貨幣流通の条件

貨幣の流通を考えるとき、さまざまな条件が存在していたであろうが、その一つとして重要なものは、流通に必要な量が確保されている、という点である。もちろんその貨幣が他人に受け取ってもらえるという信用が付随していることも重要な条件だが、これは古代の律令政権による発行という背景があるので、ここではその保証はあるものと考える。そうすると、その貨幣が流通するには、やはり十分な量的裏付けが必要ではないかと考えられる。なぜなら、貨幣は多くの人々に共有されるだけの量が存在していなければ、取引のメディアとして使うことはできないからである。その貨幣が有効なものであれば、人々はそれを交換のメディアとして利用するだけではなく、財産として貯えたりもするだろう。そうすれば市場に流通する貨幣の量は減少する。このような状況が生じても、十分な量の貨幣が流通していて、はじめて貨幣による取引が円滑に行われるようになるのである。

地方での銭貨の役割

出土した古代銭貨の考古学的分布からは、古代銭貨の流通圏は実質的に畿内地域に限定されるものと考えられる。それ以外の地域は、銭貨の存在は知っていたけれども、それを用いて財貨を交換するような状況ではなく、以前から行ってきた物々交換を主体とする経済活動が主体となっていたと考えられる。ただし、それらの地方に銭貨の影響がまったくなかったのではないだろう。おそらく、中央における銭貨使用の結果、財貨の価値が銭の単位によって表示される、いわゆる銭建ての価格が、ある程度浸透した可能性はある。そしてこれは財貨の交換のさいに、個々の財貨を越えた共通の価値規準を与えることにつながったとみられる。したがって、直接の銭貨のやり取りは行われないものの、銭貨価格による財貨どうしの交換が、円滑に行われるようになった可能性は考えられる。

銭貨の価値

畿内においては、官吏の給料や役所の物資の購入ないし支払いに、銭貨が用いられたことを示す木簡その他の資料があるから、ある程度銭貨の流通が行われていたことは間違いない。ただし、銭貨を発行した主体である律令政府が、銭貨の経済的な性格を十分認識していたとは思えない点がいくつかある。たとえば、和同開珎《わどうかいちん》鋳造の三九年後にあたる天平宝字四年（七六〇）に発行された万年通宝《まんねんつうほう》は、それまで流通していた和同開珎の一〇倍の価値で通用するよう定められた。さらにその五年後の天平神護元年（七六五）に発行された神功開宝《じんぐうかいほう》も、やはりそれ以前に通用していた銭貨の一〇倍の価値をもつものとされた。この価格体系は宝亀元年（七七〇）に、すべて和同開珎と等価で通用するように改められたが、このような新旧通貨の価格操作を行えば、当然通貨としての信頼は下落したに違いない。

新しく発行する貨幣を、形態も材質も同じ旧貨の一〇倍の価値をもたせることにより、発行者は莫大な利益を手にすることができた。しかし、それと引き替えに、それまで旧貨を保持していたものは、その資産が一〇分の一に減少した。このような政策をあえて行った背後には、律令政府の財政収入を増加させるためだけではなく、貨幣の発行量の不足を額面で補う意味があったとみられる。

すでに述べたように、銭貨は常に一定の量が市場に供給されなければならない。しかしそれには、原料となる銅地金を十分な量で確保しておかなければならない。そのうえ、銅鉱石の採掘と精錬という、高いコストを払う必要がある。これがいかに重い負担であったかは、すでに紹介した十八世紀における徳川幕府の鉄銭鋳造にいたる経緯からも明らかである。このような鋳造のためのコストを回避しつつ、新銭を発行する安易な手段として、新銭に旧銭の一〇倍の価値をもたせたのであろう。しかしこのような貨幣政策が実施されれば、貨幣の価値を誰も信用しなくなる。

蓄銭叙位令

この点を和銅四年（七一一）に発令された蓄銭叙位令を取り上げて考えてみよう。蓄銭叙位令では、一定量の銭を貯えたものに対し、相当の位階を与えることを定めている。位階を得るために銭を貯えるには、銭を取得しなければならないわけだから、政府が発行した銭貨が叙位を求める手段として民間から再び政府に還元されることになる。その過程で銭の流通が活性化されるという読みがあったのだろう。その意味では、一種の貨幣流通促進政策といえないことはない。

　それでは、その位階を与えられるのはどのような人々だったのだろうか。蓄銭叙位令では、五位以下の者を対象としており、和銅四年の末に無位の者と白丁《はくてい》（貴族や役所の末端などで雑用などに従事した人）が追加されているから、もっぱら下級の官人を対象にしていたことがわかるが、これらの人々は畿内に在住していたものが中心だったと考えられる。いわば、なんらかの形ですでに位階を持っていた畿内の下級官人などの昇進を促進することにより、銭貨の流通の活性化をはかろうとしたものとみられる。

　ところが、ここで位階を請求するための銭貨の額は、一〇貫（一万枚）以上で位一階、二〇貫以上で位二階を進めると定められていた。初位以下の者には五貫で位一階と少なくなるものの、きわめて高額といわねばならない。これがいかに高額かというのは、同じ年に定められた禄法をみると、三位の臣には銭一〇〇〇文（一貫）、王の四位には銭三〇〇文、五位の者には銭二〇〇文、六位・七位には銭四〇文、八位・初位には銭二〇文、その他舎人や召使などには銭一〇文が支給されることからわかるだろう。そうすると、たとえば八位の者が位一階を銭で求めるには、禄で支給される銭のなんと五〇〇倍もの銭を貯えなければならない。これは非現実的ではなかろうか。

位階取得の難しさ

さらに、下級の官僚層が営々として貯えてきた銭貨が、新しい銭貨の発行によって一〇分の一に切り下げられたとすると、それまでの努力は水の泡となる。たとえばようやく五貫の銭を貯えたところで、切り下げが生じたとすれば、五貫の銭はわずか五〇〇文の価値しかもたなくなってしまうのである。これでは誰も銭貨の価値を信用しなくなるばかりでなく、貨幣の流通自体が阻害されてしまうだろう。貨幣がどのような条件のなかで人々に受け入れられ、使用されていくのかということの基本が、為政者には理解されていなかったといわざるをえない。

奈良時代において一〇〇〇貫以上の銭貨を納めて位を授かった者は、表11に示したように、天平十九年（七四七）九月の礪波臣《となみのおみ》志留志《しるし》以下、宝亀元年（七七〇）三月周防凡《すおうのおおしの》直《あたい》葦原《あしはら》にいたる一九名の実名が知られている。このほかに、実名は記されなかったものの、位階を進められたものもあったと考えられるが、ここに示された人々は、銭貨以外に稲、布、塩、牛などさまざまな財物を同時に納めている。したがって、もともとこれらの

表11　蓄銭叙位者の一覧

番号	年代	国	位（旧）	人名	銭の額	位（新）	備考
1	天平一九年九月二日	河内	大初位下	河俣連人麻呂	一〇〇〇貫	外従五位下	
2	天平一九年九月二日	越中	無位	礪波臣志留志	米三千	外従五位下	
3	天平勝宝元年五月		従七位上	陽侯史令珎	一〇〇〇貫	外従五位下	
4	天平勝宝元年五月		正八位下	陽侯史令珪	一〇〇〇貫	外従五位下	
5	天平勝宝元年五月		従八位上	陽侯史令璆	一〇〇〇貫	外従五位下	
6	天平勝宝元年五月		従八位下	陽侯史人麻呂	一〇〇〇貫	外従五位下	
7	天平勝宝五年九月一日		無位	板持連真釣	一〇〇万	外従五位下	
8	天平神護元年八月二五日		外大初位下	日置毘登乙虫	一〇〇万	外従五位下	
9	天平神護元年一〇月		散位正八位上	民忌寸磯麻呂	一〇〇万	従五位下	稲一万束
10	天平神護元年正月一四日		正六位上	伊吉連真次	一〇〇万	外従五位下	
11	天平神護二年二月四日		外従八位下	橘戸高志麿	一〇〇万	外従五位下	
12	天平神護二年九月一九日	摂津	従六位上	日下部宿爾浄方	一〇〇万	外従五位下	杉皮一千枚
13	天平神護二年三月二一日	因幡	少初位上	春日戸村主人足	一〇〇万	従六位下	因幡国の稲一万束
14	神護景雲元年二月二〇日	伊予	外正七位下	越智直飛鳥麿	三〇〇貫	外従五位下	あしぎぬ二百三十疋
15	神護景雲元年三月二七日	常陸	外従六位上	新治直子公	三〇〇〇貫	外従五位下	商布一千端
16	神護景雲元年四月二九日	長門	外正七位上	額田部直塞守	一〇〇万	外従五位下	稲一万束、豊浦郡大領となる
17	神護景雲元年八月二三日		散位正七位上	秦忌寸真成	三〇〇〇貫	外従五位下	牛十頭
18	神護景雲元年一〇月一七日	伊予		凡直継人	一〇〇万	外従六位下	麻布百端、竹笠百、稲二万束
19	宝亀元年三月二〇日		外正八位下	周防凡直葦原	一〇〇万	外従五位上	塩三千

奈良時代において銭貨を貯えて位階を授けられた人物の一覧を示した。畿内地方を中心としているが、中には長門、越中、常陸などの諸国の例もある。しかしこれらの人物が、この表にあるような一〇〇万枚以上の銭貨を実際に蓄蔵できたかどうか、はなはだ疑わしい。とくに表10に見られるように、畿内以外の地域の銭貨出土量が極めて少ない状況から見ると、この記事の信憑性については再検討する必要がある。

人たちは、地域における素封家ともいうべき存在だったとみられるから、このような例からだけで、多くの人々にとって蓄銭叙位が可能だったとは考えられない。

蓄銭の量

さらに、これらの記事については、いくつかの疑問がある。まずその一〇〇貫という量そのものが問題である。一〇〇〇貫というと銭一〇〇万枚に相当するが、銭貨の使用が社会のかなりの人々にまで浸透していた中世においてすら、備蓄銭の最大銭貨量は三〇万枚を超えることはなかった。すでに述べたように、中世備蓄銭の平均的な銭貨量は一万枚程度で、それに約一〇例ほどの一〇万枚〜三〇万枚規模の備蓄銭が存在していたにすぎない。礼銭体制とよばれたほど、社会の隅々にまで銭貨による贈り物や返礼がさかんに行われ、人々の銭貨に対する需要が大きかった中世においても、一〇〇万枚もの銭貨を備蓄しえた者は存在しなかった。その中世よりも銭貨流通量そのものが著しく少なかったと考えられる古代において、一〇〇万枚以上の蓄銭を可能とした人々が二〇名近くいたということは、とても真実とは考えがたい。古代の史書にありがちな、一種の誇大表現だった可能性も考えなければならない。

　次に不思議なのは、地方における古代銭貨の出土量がきわめて少ないにもかかわらず、地方在住の人物が、大量の銭貨を保有できたという点である。中世において一〇万枚以上の大量備蓄銭を可能にした人々は、けっしてその地域に流通していた銭貨を残らず集めてしまったわけではない。十分な量の銭貨が現に流通していたからこそ、大量の備蓄もできたのである。貨幣の蓄蔵は十分な量の貨幣の流通という背景なしには考えられない。その点で表11に示した古代の地方在住者が、一〇〇〇貫（一〇〇万枚）もの銭貨を保有しえたという記事には、出土銭貨の分布状況からみて疑問を感じざるをえない。

一袋の銭

律令政府が銭貨の流通について、よく理解していなかったとみられる事例は、蓄銭叙位令を発した二年後の和銅六年（七一三）に出された詔《みことのり》（天皇の命令）にも見ることができる。この詔では、諸国の民が納税や庸役のため都に往還するさいに、糧食に難渋することを憂い、その解決策として国を出るとき一嚢（袋）の銭貨を持たせ、それによって糧食を購入する費用に当てるように命じていた。これは銭貨の流通を促進し、納税にかかわる民の労苦を軽減しようとする一石二鳥の政策のようにみえる。しかしこれもかなり非現実的な政策といえる。

すでに繰り返し述べているように、古代における出土銭貨の地方における出土例は畿内に比べて著しく少ない。これは古代の銭貨が畿内以外の地方に十分には行き渡っていなかった事実を示すものであるから、国を出るときに一嚢の銭を携えようと思っても、それに見合う量の銭を調達できたかどうか、はなはだ心もとない。もしそのような銭貨を調達することができれば、大変な苦労をして都に物資を運ばなくても、銭貨で代納することができたはずである。しかし銭貨による納税は、古代においてはついに一般化しなかったのである。

以上述べてきたような点を考慮すると、古代における銭貨流通はおそらく畿内地方を中心とした古代中枢部において、ある程度限定された範囲で行われていたと考えられるが、おそらく平安時代の前期以降になるとそれも衰退していったとみられる。このような流れのなかで富本銭の性格を考えると、流通銭貨として発行しようとした意図はあったとみられるものの、その発行規模などからみて、本格的な銭貨流通を担うだけの実質はもっていなかった。

富本銭と和同開珎

そして富本銭の後に鋳造された和同開珎こそが、本格的な流通を目指して発行され、ある程度その目的を達成することができた銭貨だったといえよう。その意味では、富本銭は組織的に発行された日本最初の銭貨であるという評価は正しいとしても、貨幣の本質ともいうべき流通という視点から考えたときには、本格的な銭貨の発行と流通を実現するための、いわばテストケースとして開発された銭貨と考えるべきである。古代国家としての威信をかけて発行された銭貨は、出土資料から見た発行量の規模、銭貨としての規格などの示すところから、やはり和同開珎であったという認識は揺るがないだろう。

銭の考古学の展望――エピローグ

日本の出土銭貨

出土銭貨を中心に取り上げながら、日本において銭貨というものがどのような歴史的変遷をたどってきたかを考えてきた。銭貨は銅ないし鉄を素材として作られた東アジアにおける最初の金属貨幣だった。日本においては古代律令国家の形成とほぼ時を同じくして登場し、それ以後平安時代の後半から鎌倉時代の前半にいたる期間には使用されなかったものの、それ以外の時期においてはもっとも基本的な貨幣として機能してきた。東アジアの銭貨の伝統を引く円形方孔の形態と、鋳造による製作技法とは、明治維新による西洋近代の鍛造貨幣の導入にいたるまで、古代以来一貫して引き継がれてきた。

日本の銭貨は、長期にわたり同一の形をしていたけれども、その貨幣として果たしてきた役割は、各時代においてけっして同じではなかったし、人々も銭貨に対してかなり異なった接し方をしていた。むしろ、それぞれの時代で、銭貨がどのように扱われ、その機能が時代をこえて共通する性質と、時代ごとにどのような点が異なっていたのかを把握することが、これからの銭貨研究においては大切である。それぞれの時代に使われていた銭貨は、次の時代の銭貨との間にどのような類似と差異をもっていたのだろうか。一つの時代における貨幣の使用状況が、次の時代における貨幣の流通に、どのような影響を与えたのか、または与えることができなかったのか。このような観点から、各時代の銭貨の歴史的な特徴と、その流通のあり方についてまとめておくことにしよう。

古代の銭貨の特徴

日本における古代銭貨の特徴として、まず取り上げなければならないことは、銭貨の発行が経済的な必要性よりも、政治的な動機によって決定されたという点である。古代の銭貨の発行は、当時の先進国である中国の国家体制に追いつくための、一種の政治的目標、国家的威信財として計画された。その意味で、古代の銭貨は国家的・政治的貨幣としての性格をもち、銭貨を発行することそのことが重要なことがらと考えられていたのである。しかし、ひとたび発行された貨幣は、その目的からしても人々に受け入れられ、流通していくべきものだった。それには、発行主体たる国家が十分な流通上の政策を実施し、貨幣の管理を行う必要があった。しかし、古代律令政府には、貨幣の流通・管理についてのノウハウはほとんど持ち合わせていなかったとみられる。そしてそこに古代銭貨の流通に関する最大の問題があったといえる。

　古代の銭貨は、したがって、当時の社会における経済活動や、物資の流通状況といった、貨幣流通の基本的条件の成熟とは関係なく、政治的に決定され、発行された。それゆえ、その流通を促進させるために、かなり実情を無視した政策が実施された。その結果、銭貨の流通は畿内を中心とした、かなり限定された範囲にとどまらざるをえなかった。さらに、銭貨の供給という点において、新貨幣の供給が旧貨幣の価格を上回る価格で発行されたため、貨幣の信用という点で大きな問題を生じたとみられる。それに加えて、発行量がしだいに減少するとともに、銭貨としての材質、規格も低下していったため、平安時代前期の乾元大宝《けんげんたいほう》（天徳二年〔九五八〕）の発行を最後に、銭貨の鋳造は行われなくなったのである。これはまさに、政治的に発行された貨幣が、社会的・経済的な承認をついに得られないまま、貨幣としての歴史を閉じていく過程だったといえよう。

中世の銭貨の特徴

中世における銭貨は古代の銭貨とまったく反対の性格をもっていた。中世の銭貨は、国家的な要請によって開始されたものではなかった。中世の出土銭貨を代表する備蓄銭についてみれば、十三世紀の半ばには、すでに青森県から福岡県にいたる全国にその分布が展開していたことからわかるように、当時における日本の版図の隅々にいたるまで、貨幣の使用が普及していたのである。この規模は古代の銭貨の分布量をはるかに凌駕《りょうが》するものであり、この点からだけでも、古代と中世の貨幣使用の状況を同一視することはできない。中世と古代との貨幣使用の間には、大きな質的転換と断絶があったのである。

中世の銭貨が、いかにして貨幣としての信用を獲得していったのかは、十二世紀から十三世紀にかけての土地の売券が、布や米による決済から、銭貨による決済へと変換されてきた過程によって、明らかとなる。銭貨は中世において一挙に貨幣としての信用を獲得したのではなかった。布や米といった、古代末において銭貨に代わって用いられていた交換財を、しだいに圧倒する形で貨幣としての信用を積み上げていったのである。そこには国家による保証とか、権力による要請ではなく、実際に財貨を交換する人々の必要のなかから、銭貨がもっとも信用のある財として選ばれ、貨幣としての地位を獲得していったのである。

中世の銭貨の流通は、国家権力とは無関係に成立し、自律的に展開していった。その背後には、それを可能にする自律的経済発展と、広域にわたる交易活動が存在していたに違いない。そして、銭貨はやがて中世におけるもっとも信用のおける財産としての地位を獲得する。礼銭の流行や高利貸し、祠堂銭《しどうせん》などの金融業の発達に見られるように、貨幣経済が名実ともに開花したのである。しかし、この貨幣的繁栄は、中国からの銭貨の輸入という、自助努力のみでは達成しえない依存体質をあわせもっていた。銭貨の生産についてはまったく放棄し、その供給を海外に依存するという体制は、やがて破綻することになる。

中国からの銭貨輸入が順調に行われていた十五世紀までは、中世の貨幣経済は比較的安定していたが、十六世紀になって中国銭の輸入が減少するにつれ、銭貨の供給不足が生じてきた。それとともに、輸入して使用しつづけてきた銭貨そのものの損耗も激しくなり、銭貨の貨幣的価値がしだいに揺らいできた。その危機を新しい貨幣の鋳造によって回避するだけの国家的財政規模や権力基盤は、当時の武家政権にはまったく存在しなかったから、この解決は銭貨を使用している中世社会自体が考え出さなければならなかった。しかし、もともと自律的に生成されてきた中世の貨幣流通にあって、その解決をはかるのは容易なことではなかった。

このための施行錯誤のなかから、永楽通宝の超精（清）銭化現象とよばれるような、銭のなかにさまざまな格差を設けたり、撰銭令《えりぜにれい》によって各種の銭貨の交換価格を操作したりすることが行われた。しかし、そのことは銭貨の流通を回復するよりも、銭貨の信用の喪失、銭貨に替る他の有力な財を模索する動きとなって現れ、結果として銭貨流通の停滞を招くこととなった。中世の後半から顕著になってくる日本における私的な銭貨の鋳造（模鋳銭の流行）は、その解決にまったく寄与しないばかりか、むしろ混乱に拍車をかける結果となった。しかし、この過程のなかから、近世の銭貨に連なる重要な性格が現れてくる。それは、日常の取引に欠かすことのできない、小額貨幣としての銭貨の性質である。

中世の銭貨は、唯一の金属貨幣として、貨幣のもつさまざまな性質を一身に背負わされていた。交換価値の規準、広域決済のための通貨、財産の保全といったさまざまな機能を有した中世の銭貨は、中国からの供給の途絶と損耗とによって、その役割をしだいに縮小せざるをえなくなり、それらに替って地域の取引における小額貨幣としての役割が重要になってくる。

財産保全の対象としては、新しく普及しはじめた金・銀や、古代以来安定した性格をもっていた米などによって、ある程度の代替が可能であった。また対外交易を含めた広域決済のための財としては、十六世紀にその産出のピークを迎えた銀が有効であった。しかし、多くの人々が、日常的に行う経済活動の決済には、もはや銭貨を欠かすことはできなくなっていたのである。「悪銭《あくせん》」とか「びたせん」という蔑称《べっしょう》を与えられながらも、ついに銭貨が流通界から姿を消さなかった理由はそこにあった。

近世の銭貨の特徴

　近世における銭貨がもつ重要な特色は、小額貨幣化とともに、銭貨の発行・流通に関して、国家権力の規制が加えられるようになったことである。徳川幕府はその初期においては、中世以来流通していた鐚銭《びたせん》（中世風に言えば悪銭）を、公式の流通通貨として認知したが、そのさい金貨と銀貨、金貨と銭貨との交換レートを定めた。世に言う徳川三貨体制の成立である。これは政治権力が異なった貨幣間の交換について保証を行ったという点のみならず、貨幣の発行と流通を自己の権力の統制下に置こうとする、画期的な出来事だった。これによって、それまで揺らいでいた鐚銭の貨幣的信用が補強されることになった。

　古代においても、開《かい》基勝宝《きしょうほう》という金銭を発行したときに、類似した交換規準が定められていたが、実際にどこまで有効な貨幣政策として作動したかは疑問視される。また、織田信長が銭貨と金銀との交換比率についてある程度の基準を定めてはいるが、信長は実際に金銀貨を発行したうえで、銭貨との交換レートを定めたものではなかったし、その権力の強さと広がりにおいても、十七世紀の徳川幕府とは比べものにならなかった。

徳川幕府は古代律令政権いらい約八〇〇年ぶりに、国家権力によって貨幣を取りこもうとしたのである。しかし、その試みの半分は成功したが、半分は不成功に終わったといえるだろう。というのは、金銀銭の三貨体制は、貨幣の発行、品質の保証といった点においては、確かに幕府権力のコントロールのもとに置かれたが、その流通にさいしては幕府はついに十分な規制を加えることができなかった。そのもっとも端的な例は、金銀銭の三貨の交換比率は固定されたものではなく、民間の相場によって変動するものだったことに示されている。その意味では、徳川三貨体制は、金銀銅の三貨間に貨幣システムとして完全な統一がとられていたのではなく、三貨がそれぞれ独立した貨幣としての性格を保持する、いわば複貨体制とよぶべきものだった。

十七世紀徳川幕府の貨幣政策において、もっとも重要な問題だったのは銭貨と金貨の相場の安定であったとみられる。しかし幕府の期待に反して、十七世紀の金・銭相場は変動を繰り返した。そしてその過程で幕府は東海道・中仙道などの宿場に、莫大な貨幣的援助を実施することを余儀なくされた。幕府があえてこのような挙に出た真の理由は、貨幣流通上の問題だけではなく、当時の重要な大名統制政策であった参勤交代制の根幹となる、宿駅制度やその要となる宿場経済を維持する点にあったとみられる。しかしこの結果、中世以来連綿と使用されつづけてきた渡来銭を、幕府新鋳の古寛永通宝へと迅速に切り替えることができた。

この間の幕府の政策を検討すると、それまでの日本の政治権力がほとんど手をつけることのできなかった、貨幣とそれをめぐる経済の動きが、政治の問題として組織的にとらえられていたことがわかる。古代律令政権は貨幣に対し政治的な意図をはっきりともっていたが、貨幣の動きや経済との関係については、ほとんど有効な知識と対策はもちあわせていなかった。

中世の武家政権は、貨幣に対してはまったくの〝蚊帳の外〟というべき存在で、貨幣使用者として他の階層の人々と同じような利害を共有してはいたけれども、貨幣を政治・経済の対象としてどのように扱うべきかについては、ほとんど白紙に近い状態だったといえよう。これに対して徳川幕府は、今日のわれわれのいう意味での政治・経済的な対象として、銭貨を含む貨幣体系全体をとらえようとしていた。そして、この点に近世の銭貨のこれまでにない特色が存在するといえる。

近世の銭貨の特徴として最後に付け加えるべきことは、これまで銭貨は銅を素材として作られていたのに対して、鉄を素材とする銭貨が作られた点にある。今日にいたるまでの日本の貨幣史において、鉄という卑金属を素材とした銭貨は江戸時代の寛永鉄銭のみであった。しかし鉄銭鋳造の背後にどのような考え方が存在していたのかを探っていくと、青木昆陽に代表されるような、きわめて開明的かつ柔軟な貨幣についての考え方が存在していたことがわかる。

素材ではなく、供給の量にこそ本質があるとする昆陽の銭貨観は、きわめて斬新かつ今日に通ずる考え方といえるだろう。このような見通しが、結果として正しかったことは、寛永鉄銭が江戸時代を通じてもっとも大量に発行された一文銭として、流通市場に受け入れられていたという事実からみて明らかである。これはまた、銭貨が今日の名目貨幣と同じような、素材価値に左右されない貨幣としての性格を確立したことにも通じる。

各時代の流通銭貨量の比較

これまで出土銭貨による銭貨流通を取り上げるさい、しばしば流通量の規模という点を問題にしてきた。それは銭貨という貨幣が、他の高額貨幣より以上に、流通量に依存する部分が大きいと考えてきたことによる。

しかしながら、江戸時代以前においては特定の銭貨の発行量や流通量を知る手がかりはほとんどない。この点を出土銭貨のデータを用いることで、その絶対量はともかくとして、各時代における銭貨の流通規模を比較することができれば、それぞれの時代における銭貨流通の実態のみならず、それぞれの時代間の比較検討も可能になると思われる。出土銭貨データの新しい解釈の方法として、以下にその点の検討を行いたい。

この点でまず取り上げるべき問題は、中世の備蓄銭には古代の銭貨がきわめてわずかしか存在していないという事実である。現在までに発見されている三五〇万枚以上の銭貨のなかに、皇朝十二銭はわずか八〇枚程度しか発見されない。別の言い方をすれば、古代の銭貨として、全国各地から約一万四〇〇〇枚近くも発見されていた古代の銭貨は、中世の備蓄銭のなかにはほとんど存在していないということである。しかし、中世の備蓄銭には、ほぼ同じ時期の中国古代に発行された開元通宝が、二七万八〇〇〇枚以上も存在していた。この皇朝十二銭と開元通宝との存在量の差は、それぞれの銭貨の発行量における差と考えられるから、皇朝十二銭の発行総量をそう多く見積もることはできない。

このような比較を行うことから、古代に流通していた銭貨が中世の銭貨流通には実質的な寄与を果たしていなかった理由の一つは、古代における銭貨の発行量と、中世における銭貨流通量との間に、大きな格差が存在していたことによると考えられる。その意味では、古代の銭貨流通の延長上に、中世の銭貨流通が開始されたのではなく、古代と中世の間には、銭貨使用という点ではある種の断絶が存在したとみなければならない。この断絶を歴史的にどのようなものととらえ評価するかは、今後の日本銭貨流通史における重要な問題といえる。

中世の銭貨流通を考えるうえで、次に取り上げるべき問題は、中世に流通していた銭貨の総量をどのように考えるかということがある。出土備蓄銭の総量は、すべての発見例にもとづいて推定すると一〇〇〇万枚以上存在していたと考えられる。また中国からの貿易船には、一艘につき八〇〇万枚から四〇〇万枚ほどの大量の銭貨が積み込まれていた。このような断片的な事実からも、中世日本にもたらされた渡来銭は相当な量に及んだことは想像に難くない。先の紹介した備蓄銭に存在する古代銭貨の量と比較すれば、いかに中世の流通銭貨の規模が古代に比べて圧倒的であったかが想像される。

しかしながら、江戸時代になるとさらに大量の銭貨が一挙に使用されるようになる。東海道の宿場経済を救済するために、幕府は大量の銭貨を各宿場に無利子で貸し付けたが、そのさいの投入銭貨量は一宿あたり九〇〇万枚から六〇〇万枚に及ぶものだった。中世の貿易船一艘の積荷を超える量の銭貨が、一宿の助成のために投入されていた。十七世紀の中ごろ四〇年ほどの期間に、東海道、中仙道の宿場に対して総額五〇万貫（五億枚）以上の銭貨が集中的に投入されていたのである。この銭貨投入量の規模をみると、中世の銭貨流通量と近世の流通量との間の違いが実感できる。これはとりもなおさず、中世と近世の間における銭貨に対する需要の大きさの違い、大量の銭貨鋳造を可能にする生産体制の規模の違い、さらには近世と中世における経済活動そのものの規模の違いを示すものにほかならない。

日本の各地から出土した各種の貨幣を集成し、考古学的な分析を加えつつ、各時代に貨幣がどのような役割を果たしてきたのかを概観してきた。出土貨幣のもつ確実な事実は、従来の文献記録では十分に知ることのできなかった貨幣の普及、流通の実態、貨幣に対して人々が抱いていた考え方といった貨幣使用にまつわるさまざまなディテールを明らかにすることになった。今後さらに増加するであろう出土貨幣の研究によって、日本における貨幣と人々との歴史が、よりいっそう具体的に解明されるようになるだろう。

あとがき

近世遺跡からおびただしい量で発見される銭貨を眺めながら、これを用いて貨幣の歴史を明らかにできないものだろうかと考え始めてから、早くも十年以上が経過した。六道銭の研究、中世備蓄銭の研究と、出土銭貨に関する考古学研究が進展してくるにつれ、考古学以外の多くの専門家との交流を経験すると共に、貨幣研究の持つ広がりの大きさや魅力を強く感じるようになってきた。また、大量の出土銭貨資料を処理するため、やむを得ず入り込んだパソコンの世界にもなじみ、計量的なデータの処理が面白くなってくるにつれ、研究もまた加速度がついてきた。これらの成果をまとめて『出土銭貨の研究』として上梓したのは二十世紀も終わりに近い一九九九年春のことであった。

中世から近世にかけての出土銭貨を中心とした貨幣史研究の成果は、これまでの文献記録を中心とした貨幣史とは、また異なった視点を提示することができたのではないかとひそかに考えているが、この研究をまとめた結果、出土銭貨による古代から近世にいたるまでの一貫した日本貨幣史をまとめてみたいという気持ちが強くなってきた。もともと近世の六道銭から中世の備蓄銭へと時代の流れを遡上するような形で進めてきた研究の、いわば水源地が見えて来たということになるのだろうか。

出土銭貨研究の成果を『銭の考古学』としてわかりやすい形でまとめてみたらというお誘いを受けたとき、真っ先に考えたことは古代から近世に至る貨幣史について、出土銭貨を中心にしてまとめてみたいということだった。幸いにも富本銭の発見という古代銭貨に関する新しい出来事が注目を集め、古代銭貨の研究が急速に展開してくる状況が生まれてきた。そこで、本書においては富本銭に始まる出土古代銭貨についても取り上げ、古代から近世に至る出土銭貨による貨幣史の流れを自分なりにまとめてみることにした。まだ検討しなければならない点があることは明らかだが、考古学資料の持つ可能性をさらに引出すための努力を続け、新しい歴史考古学の道を今後とも切り開いて行きたい。本書はその道程の一つとして提出されたものである。

二〇〇一年師走

鈴　木　公　雄

参考文献

全般にわたるもの

内山　節『貨幣の思想史――お金について考えた人びと――』新潮社　一九九七年

岩井　克人『貨幣論』筑摩書房　一九九三年

作道　洋太郎『大日本貨幣史』別刊　歴史図書社　一九七〇年

日本銀行調査局編『図録　日本の貨幣』全一一巻　東洋経済新報社　一九七四年

小葉田　淳『改訂増補　日本貨幣流通史』刀江書院　一九四三年

東野　治之『貨幣の日本史』朝日選書　五七四　一九九七年

鈴木　公雄『出土銭貨の研究』東京大学出版会　一九九九年

『特集　出土銭貨研究の最前線』季刊考古学　七八　雄山閣　二〇〇二年

第一章

永井　久美男編『近世の出土銭I――論考編――』兵庫埋蔵銭調査会　一九九七年

永井　久美男編『近世の出土銭II――分類・図版編――』兵庫埋蔵銭調査会　一九九八年

安国　良一「貨幣の機能」『岩波講座　日本通史』一二　近世2　岩波書店　一九九四年

第二章

永井　久美男編『中世の出土銭――出土銭の調査と分類――』兵庫埋蔵銭調査会　一九九四年

永井　久美男編『中世の出土銭　補遺I』兵庫埋蔵銭調査会　一九九六年

神木　哲男「出土銭より見た日本の中世経済」『考古学ジャーナル』二四九　一九八五年

田中　浩司「日本中世における銭の社会的機能をめぐって」『能ヶ谷出土銭調査報告書』町田市教育委員会　一九九六年

中島　圭一「中世京都における祠堂銭金融の展開」『史学雑誌』一〇二―一二　一九九三年

永原　慶二「伊勢商人と永楽銭規準通貨圏」日本福祉大学知多半島総合研究所編『知多半島の歴史と現在』校倉書房　一九九三年

第三章

栄原　永遠男『日本古代銭貨流通史の研究』塙書房　一九九三年

松村　恵司「富本銭」『奈良国立文化財研究所年報　一九九九―II』一九九九年

松村　恵司「飛鳥池遺跡の富本銭」『出土銭貨研究』14　二〇〇〇年

付記　参考文献については、基本的な内容のものに限定して示した。より詳しい文献情報については、鈴木公雄『出土銭貨の研究』所収の巻末参考文献リストを参照していただければ幸いである。

著者紹介

一九三八年、東京都に生まれる
一九六六年、慶應義塾大学大学院文学研究科博士課程修了
一九七一〜七二年、アメリカ合衆国イェール大学人類学部訪問研究員
現在、慶應義塾大学文学部教授　文学博士

主要著書
縄文土器大成(4)晩期〈共編〉　石の文化史(訳書)
考古学入門　出土銭貨の研究　貝塚の考古学

歴史文化ライブラリー
140

銭の考古学

二〇〇二年(平成十四)五月一日　第一刷発行

著　者　鈴《すず》木《き》公《きみ》雄《お》

発行者　林　英男

発行所　株式会社 吉川弘文館
東京都文京区本郷七丁目二番八号
郵便番号一一三—〇〇三三
電話〇三—三八一三—九一五一〈代表〉
振替口座〇〇一〇〇—五—二四四

印刷＝平文社　製本＝ナショナル製本
装幀＝山崎　登

歴史文化ライブラリー

1996.10

刊行のことば

現今の日本および国際社会は、さまざまな面で大変動の時代を迎えておりますが、近づきつつある二十一世紀は人類史の到達点として、物質的な繁栄のみならず文化や自然・社会環境を謳歌できる平和な社会でなければなりません。しかしながら高度成長・技術革新にともなう急激な変貌は「自己本位な刹那主義」の風潮を生みだし、先人が築いてきた歴史や文化に学ぶ余裕もなく、いまだ明るい人類の将来が展望できていないようにも見えます。このような状況を踏まえ、よりよい二十一世紀社会を築くために、人類誕生から現在に至る「人類の遺産・教訓」としてのあらゆる分野の歴史と文化を「歴史文化ライブラリー」として刊行することといたしました。

小社は、安政四年(一八五七)の創業以来、一貫して歴史学を中心とした専門出版社として書籍を刊行しつづけてまいりました。その経験を生かし、学問成果にもとづいた本叢書を刊行し社会的要請に応えて行きたいと考えております。

現代は、マスメディアが発達した高度情報化社会といわれますが、私どもはあくまでも活字を主体とした出版こそ、ものの本質を考える基礎と信じ、本叢書をとおして社会に訴えてまいりたいと思います。これから生まれでる一冊一冊が、それぞれの読者を知的冒険の旅へと誘い、希望に満ちた人類の未来を構築する糧となれば幸いです。

吉川弘文館

〈オンデマンド版〉
銭の考古学

歴史文化ライブラリー
140

2022年（令和4）10月1日　発行

著　者　鈴《すず》 木《き》 公《きみ》 雄《お》
発行者　吉 川 道 郎
発行所　株式会社　吉川弘文館
〒113-0033　東京都文京区本郷7丁目2番8号
TEL　03-3813-9151〈代表〉
URL　http://www.yoshikawa-k.co.jp/

印刷・製本　大日本印刷株式会社
装　幀　清水良洋・宮崎萌美

鈴木公雄（1938～2004）

ISBN978-4-642-75540-5